Wendemutter

Heidi Beckmann

Wendemutter

FSC
www.fsc.org
MIX
Papier aus verantwortungsvollen Quellen
Paper from responsible sources
FSC® C105338

Bibliografische Information der Deutschen Nationalbibliothek
Die Deutsche Nationalbibliothek verzeichnet diese Publikation in der Deutschen Nationalbibliografie; detaillierte bibliografische Daten sind im Internet über http://dnb.d-nb.de abrufbar.

Umschlagdesign, Satz, Herstellung und Verlag:
BoD – Books on Demand

ISBN 978-3-8482-4232-0

Inhaltsverzeichnis

Teil II

Teil III

Teil IV

Vorwort

Die *Wende* – lt. Brockhaus 1) Sternbild des Krebses (mein Sternbild) 23° 27‘ n.Br. – nein 2) *Politik*: häufig gebrauchte Bezeichnung für den friedlichen gesellschaftlichen und politischen Umbruch 1989/90 im Bereich der früheren Deutschen Demokratischen Republik.

Mutter – die Frau im Verhältnis zu ihrem Kind; im biologischen und medizinischen Sinn die Frau, die geboren hat, ja – zwei Töchter: Susanne 1973 und Christina 1980.

Heidi Beckmann, 1949 als Tochter eines Arbeiters und einer Hausfrau in Annaburg geboren, 1969 Berufsschulabschluß als Industriekaufmann, 1986 Abschluß als Außenwirtschaftsökonom in Berlin nach siebenjährigem Studium – ein echtes Republikskind nach turbulentem Bergauf und Bergab im Leben.

Bereits als Schulkind mit zwölf Jahren habe ich bewußt den 13. August 1961 miterlebt. Aufgewachsen in dieser Gesellschaft – schließlich vierzig Jahre gelebt, um dann ebenso unerwartet den 9. November 1989 in Berlin „live“ zu erleben.

Da gibt es Momente, die unwiederbringlich sind, ja die einfach aufgeschrieben gehören. Dann von der Bundeswehr übernommen und beschäftigt, sich in den ehemaligen Westen versetzen zu lassen. Dort nach sehr kurzer Zeit ein drittes Mal zu heiraten. Kann das gut gehen? Zwei Menschen mit so unterschiedlich geprägten Lebenserfahrungen und Wertvorstellungen. Die beschriebenen Handlungen dieses Buches sollen verdeutlichen, was nach den Wandlungen und Annäherungen mit der Wende für Probleme und Chancen auf die Deutschen in Ost und West zukamen. Beim Niederschreiben dachte ich an die Menschen, die sich das Leben hinter dem eisernen Vorhang nicht vorstellen können und teilweise bis heute nicht bereit sind, sich in den neuen Ländern davon zu überzeugen. Vielleicht tragen meine niedergeschriebenen Geschichten ein wenig dazu bei, die andere Seite etwas besser zu verstehen und mehr Zufriedenheit mit sich selbst zu haben! Das wäre für die künftige gegenseitige Verständigung ein riesiger weiterer Schritt vorwärts!

Natürlich auch für meine beiden Töchter, denen es vergönnt sein soll, ihr Leben in dem von ihnen ausgewählten Umfeld zu genießen, aber die Geschichten ihrer Mutter, der „Wendemutter“, zu kennen.

Teil I

Kapitel 1:

Schwierige Geburt, Geburtshaus

„Die Wehen kommen jetzt schon Schlag auf Schlag", rief die Hebamme. „Bitte nicht mehr pressen, tief einatmen und locker lassen, ich kann den Damm nicht länger halten, der Kopf ist bereits zu sehen und sehr groß", sagte sie zu meiner Mutter, die vor Schmerzen bereits wie am Spieß schrie und auf Teufel komm raus preßte. Daraufhin sauste mein Vater wie ein geölter Blitz in die Küche, um endlich die Schüssel mit dem heißen Wasser zu holen. Kaum hatte er das Zimmer verlassen, war auch schon mein „uäh, uäh, uäh" zu hören. Da habe ich, die Katastrophen-Heidi, am 12. Juli 1949 das Licht dieser Welt erblickt. Vorsichtig wurde ich abgetupft. Aber was war das?

Das rechte Ohr war nach vorn geklappt und zum Schrecken meiner Mutter hatte ich auch noch an der linken Wangen- und Halsseite ein handgroßes Feuermal. „Auch das noch", schimpfte die Hebamme vor sich hin. „Erst der Dammriß und nun das hier?" Woher das wohl stammt? Da kursieren viele Mythen und Legenden. Schwangere sollten sich vor dem dritten Monat vor nichts erschrecken und sich dann irgendwo hinfassen! Oder wenn das Kind nicht gewünscht ist, haben früher viele versucht, mit einer Häkelnadel das Kind abzutreiben! Meine Mutter erzählte mir: „Die Oma hat in der Küche Speck in der Pfanne ausgelassen, hatte sich aber entfernt. Die Pfanne hat Feuer gefangen und brannte lichterloh." Meine Mutter betrat die Küche, schrak fürchterlich zusammen und rief: „Oh Gott, hier brennt es!" Gleichzeitig faßte sie sich mit ihrer linken Hand an Hals und Gesicht. Die Ohren wurden mit Pflaster angeklebt und ich mußte immer eine Mütze aufsetzen. Eine alte Lebensweisheit sagt: „Wenn es schon schlimm ist, kommt es ganz bestimmt noch ein bißchen schlimmer!" So auch bei meiner Mutter. Ein ungeladener Gast war mit offener Tuberkulose aus dem Krieg heimgekommen und zur Hochzeit erschienen.

Meine Mutter hatte sich angesteckt und mußte fast für ein Jahr nach Bad Düben ins Krankenhaus. Es wurden ihr zwei Rippen gebrochen und entfernt und der gesamte linke Lungenflügel unter Öl gelegt. Sie atmete ab nun nur noch mit einem Lungenflügel. Während dieser Zeit wurde ich von der zweiten Frau meines Opas betreut, Oma Poldi. Mir wurde vorsorglich eine riesige Spritze in den Oberschenkel verabreicht, daß ich nicht auch noch erkranken sollte.

Das Wundloch heilte nur mit Wellfettanwendung ganz langsam wieder zu und ist noch heute zu sehen. Deshalb sollte ich auch ein verwöhntes Einzelkind bleiben! Ja – früher kamen die Kinder daheim zur Welt. Mein Geburtshaus steht in der Holzdorfer Straße 12 in Annaburg. Bis zum heutigen Tage habe ich noch Erinnerungen an dieses Haus. Es ist dreistöckig. Wir bewohnten den linken Teil im Erdgeschoß. Das am weitesten links liegende Zimmer, von vorn betrachtet, war das Schlafzimmer. Einmal im Jahr, zum Heimatfest, schmückte mein Vater das Haus im ersten Stock, den eine Schornsteinfegerfamilie bewohnte, mit einem fenstergroßen gemalten Bild – unser Stadtwappen – und einer unendlich langen grünen Girlande.

Weil meine Eltern evangelisch waren, bekam ich am 9. Oktober 1949 die heilige Taufe. Meine Mutter ging immer sehr viel mit mir in der Annaburger Heide spazieren.

Ansonsten wurde ich auf einen Jutesack gesetzt und hatte immer meine gute Freundin, die Ziege Mia, um mich herum. Die mich damals in der schlechten Zeit, wo es nicht viel gab, mit Milch versorgte und sogar auf mich aufpaßte.

Die Küche befand sich auf der Hofseite. Und die Toilette war einmal quer über den Hof, in der rechten hinteren Ecke. Das letzte Herzhäuschen war unseres. Im Winter haben wir in dieser Hofecke immer eine Schneemannfamilie gebaut.

Die Winter waren damals auch viel strenger und schneereicher als heute.

Dahinter schloß sich Gartenland an. Jeder, der wollte, konnte ein Stück Land bewirtschaften. Auch ich durfte ein kleines Stück mein eigen nennen. Dort hat mein Vater mein erstes Fahrrad zusammengebaut, worauf ich sehr stolz war.

Am Ende des langen Gartenweges lag eine große Wiese mit einem kleinen Teich – sehr idyllisch.

Zu Ostern suchte ich da immer meine versteckten Ostereier.

Im Sommer wurde ein Liegestuhl aufgestellt und ich konnte dort spielen.

Vor unserem Hochparterre-Wohnzimmerfenster wuchs ein Buchsbaum, der mich mit vier Jahren, als ich mich einmal zu weit hinausgelehnt hatte, Gott sei Dank aufgefangen hat.

Wir schauten genau in die Mittelstraße hinein, wo sich eine tolle Eisdiele befand und ich später auch meine Freundin Brigitte hatte.

Auch meine Uromi Emma lebte damals noch in der Straße hinter der Eisdiele. Sie gab mir oft einen Groschen oder zwei und ich konnte mir dann, beim Nachhausegehen, ein Eis holen. Links über die Straße, genau auf der Ecke, war ein Bäcker. Dort holte ich fast täglich frische Brötchen. Die bekam ich damals noch für fünf Pfennige das Stück. Wenn ich aus dem Haus herauskam und nach links ging, befand sich im nächsten Haus ein Konsum, ein sogenannter Tante-Emma-Laden. Alles gab es dort zu kaufen. Ich bewunderte dort immer die großen Gläser mit den vielen bunten Bonbons. Einmal sollte ich Mostrich holen. Bekommen habe ich aber nur stinknormalen Senf.

Am Bahnhof in Annaburg holten wir oft meinen Vater von der Arbeit ab. Er arbeitete mal bei der Kleinbahn, die von Annaburg bis nach Prettin fuhr, oder ein anderes Mal drehte er per Hand die Bahnschranken hoch und runter, immer wenn sich ein Zug näherte.

Kapitel 2:

Jauchengrube, erster Urlaub

Während meiner Kindheit kann ich mich an drei Urlaube mit meinen Eltern erinnern. Sitzendorf im Thüringer Wald war der erste Urlaub.

Als ich fünf Jahre alt war, fuhren meine Eltern mit mir nach Sitzendorf in den Urlaub. Es war eine lange Bahnfahrt.

Das letzte Stück fuhren wir mit einer Taxe. Kaum angekommen, mußte ich unbedingt Pipi machen. Es war bereits stockdunkel. „Geh' schnell um die Ecke", rief mein Vater mir zu. Ich kann mich nur noch an ein Stolpern und Platschen erinnern. Was war passiert? Das Ferienheim hatte hinter dem Haus eine nicht abgedeckte Jauchengrube. Ich war geradewegs darauf zugerannt und reingeplumpst. Mein Vater in seinem guten Anzug mir hinterher. Um mich wieder rauszufischen, hatte er seine Hosenbeine bis zum Knie hochgezogen. Meine Mutter in ihrem besten Nylonkleid. So betraten wir das Hotel als die neu angereisten Urlauber. Das muß ein Anblick gewesen sein!

Es war dann der reinste Verwöhnurlaub! Alle waren besorgt, daß es mir auch gutgeht. Jeden Morgen bekam ich meine Tasse warme Milch.

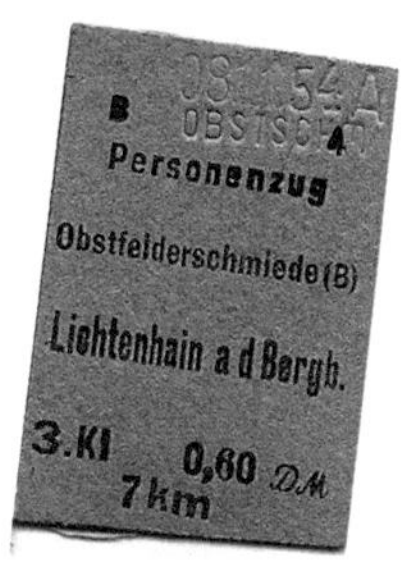

Ich erinnere mich auch noch an die Bergbahn in Unterweißbach, die noch die 3. Klasse hatte, wegen der Holzbänke, und die halbe Fahrkarte für mich. An die Saalfelder Feengrotten und an das Schloß in Rudolstadt, wo ich mit großen Pantoffeln durch alle Räume rutschen durfte.

FDGB
Ferienhei
Oberhai

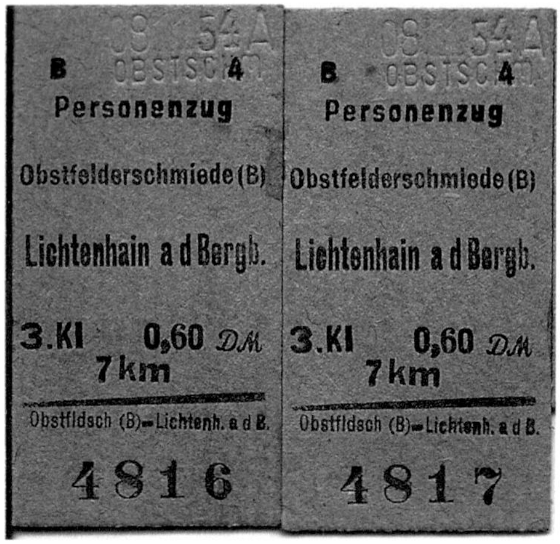
B 4
Personenzug
Obstfelderschmiede (B)
Lichtenhain a d Bergb.
3.Kl 0,60 DM
7km
Obstfldsch (B)-Lichtenh. a d B.
4816
B 4
Personenzug
Obstfelderschmiede (B)
Lichtenhain a d Bergb.
3.Kl 0,60 DM
7km
Obstfldsch (B)-Lichtenh. a d B.
4817

Oberweißbacher Bergbahn
Thür. Wald
Steilste Normalspurbahn der Welt
Steigung 1:4 Höhenunterschied 320m

Zur Erinnerung an den Besuch der Feengrotten in Saalfeld/S. *Dewag Foto 38/53*

Kapitel 3:

Einschulung,

Aufnahme als Jungpionier

Im September 1956 wurde ich im Alter von sieben Jahren in die Grundschule in Annaburg eingeschult.

Eine riesige Zuckertüte, die ich kaum tragen konnte, habe ich damals von meinen Eltern bekommen. Gefüllt war sie mit nützlichen Sachen, wie Trainingsanzug, Turnschuhe, Tuschkasten und vieles mehr.

Wer zu spät zum Unterricht kam, mußte klingeln, denn die Schule wurde zu Unterrichtsbeginn abgeschlossen. Nur einmal kam ich zu spät, dann bummelte ich auf meinem dreißigminütigen Schulweg nicht wieder.

Nachmittags ging ich mit meinem Puppenwagen in der Heide spazieren. Zu jedem Weihnachtsfest bekam die Plane von innen einen neuen Stoffbezug und die Puppe wurde bestrickt und neu eingekleidet. Das war mein schönstes Weihnachtsgeschenk.

Nach einem halben Jahr wurden wir Erstklässler in die Pionierfreundschaft als „Jungpionier" aufgenommen und bekamen das blaue Halstuch und eine Mitgliedskarte. Ab da wurden wir jeden Morgen zum Unterrichtsbeginn neben der Klassenleiterin von der Freundschaftspionierleiterin begrüßt mit dem Pioniergruß: „Seid bereit!" Und antworteten mit der gehobenen geschlossenen rechten Hand, wo der Daumen zum Kopf zeigte, mit unserem Gruß: „Immer bereit!" Es gab nach der Schule, meistens mittwochs Pioniernachmittage, wo wir immer etwas Interessantes kennenlernten. Wegen meines Feuermals wurde ich in der Schule gehänselt und verlacht. Die Kinder riefen mir nach: „Blaubacke". Einmal hat ein Mitschüler beim Nachhausegehen mir hinter einem Baum aufgelauert und mir unverhofft direkt ins Gesicht gespuckt. Das war natürlich gemein und hat mich verletzt. Ich habe sehr oft geweint. Vielleicht war das damals schon die erste Probe aufs Exempel, mich nicht so schnell unterkriegen zu lassen!

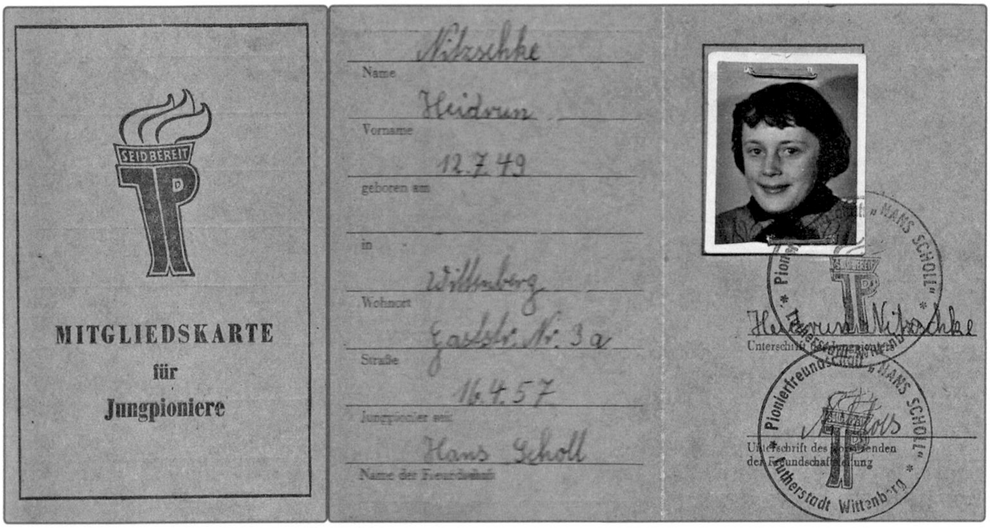

SEID BEREIT

MITGLIEDSKARTE
für
Jungpioniere

Nitzschke
Name

Heidrun
Vorname

12.7.49
geboren am

in

Wittenberg
Wohnort

Straße

16.4.57
Jungpionier seit

Hans Scholl
Name der Freundschaft

Heidrun Nitzschke
Unterschrift des Jungpioniers

Unterschrift des Vorsitzenden der Freundschaftsleitung

Pionierfreundschaft „HANS SCHOLL" Lutherstadt Wittenberg

Vor dem Schulgebäude war ein großer Platz, wo einmal im Jahr immer das Annaburger Heimatfest stattfand.

Viele Karussells mit verschiedenen Freßbüdchen waren auf dem Platz aufgebaut.

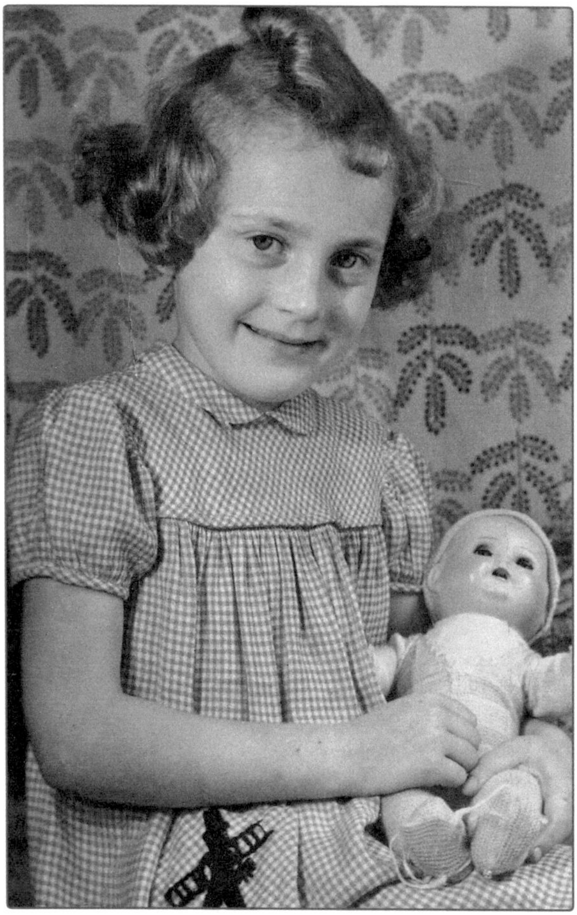

Rechts neben der Schule stand ein Flachbau, darin war der Kindergarten untergebracht, den ich vorher stundenweise auch besucht habe.

Dahinter lag das Annaburger Schloß mit seinen zwei Innenhöfen. Dort gab es einen Turm, wo innen eine Kopfsteinstraße hochführte. Früher fuhren dort die Pferdefuhrwerke. Ich erinnere mich an einen gewaltigen Brand des inneren Schloßteiles. Wir sahen von unserem damaligen Wohnhaus die Flammen in den Himmel schlagen und hörten das Gebälk knistern und krachen. Zwei Tage dauerten die Löscharbeiten an. Und das nur, weil ein Kind zu faul war, den mit glühender Asche gefüllten Kasten nicht auf den Hof gebracht, sondern auf dem Dachboden abgestellt hatte!

Kapitel 4:

Sekundärrohstoffe

Bereits in der Grundschule wurden Flaschen, Gläser und Papier gesammelt. Jeder Schüler brachte, wenn er etwas zusammengetragen hatte, das morgens mit zur Schule, wo es an einem zentralen Punkt gesammelt wurde. Es gab auch einen Wettbewerb unter den Klassen um das beste Sammelergebnis.

Wer oder welche Klasse Spitzenreiter war beim Sammeln, wurde beim wöchentlichen Fahnenappell genannt und erhielt ein kleines Präsent. Oder die gesamte Klasse bekam einen Zuschuß für die Klassenkasse. Das hatte einerseits den Vorteil, daß beim Kauf von Getränken nur für Glasflaschen Flaschenpfand berechnet wurde und andererseits durch die außerschulische Emsigkeit der Grundschüler nirgendwo ein Glas, eine Flasche oder nur eine Zeitung nutzlos umherlag. Allen war geholfen!

Kapitel 5:

Wolziger See, zweiter Urlaub

Meine Eltern hatten den FDGB-Ferienplatz am Wolziger See von der Deutschen Reichsbahn bekommen, weil mein Vater Mitglied im Freien Deutschen Gewerkschaftsbund war und monatlich seinen nicht geringen Beitrag, über 3% vom

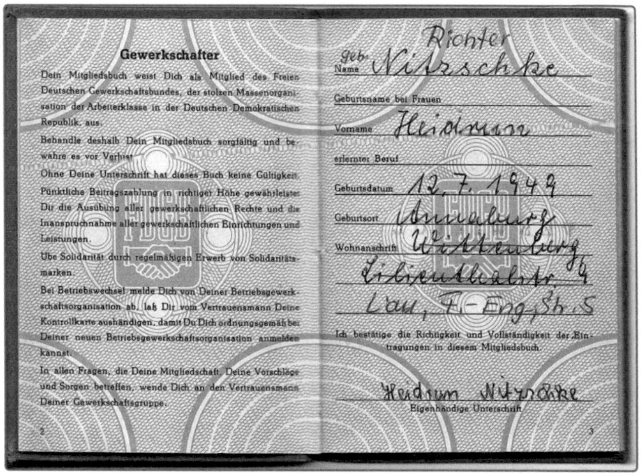

Nettolohn, zahlte.

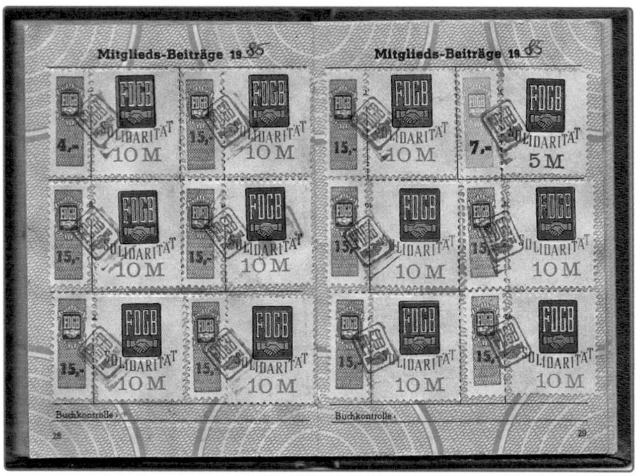

Wolzig, ein kleines Örtchen im Speckgürtel von Berlin, am Wolziger See gelegen. Wir bewohnten allein ein Holzferienhaus mit großen Schiebefenstern im Anwesen des Ferienheims.

Jeden Tag paddelten wir auf dem Wolziger See, manchmal auch bis zum Langen See, welches bei etwas mehr Wind manchmal zum Abenteuer wurde. Auf dem Wasser war es herrlich erholsam. Wir badeten sehr viel.

Gleich hinter dem Ferienheim war ein riesiges Feld, dort ließ ein etwas älterer Junge als ich immer sein Modellflugzeug steigen. Faszinierend fand ich das!

Es gab einen aggressiven Schäferhund, mit dem beschäftigte sich meine Mutter. Fast jeden Tag ging sie mit ihm allein spazieren. Er gehorchte ihr aufs Wort.

Wenn meine Eltern tanzen waren mit dem befreundeten Ehepaar, entwischte ich aus dem Schiebefenster und traf mich mit den anderen Kindern, um Blödsinn zu machen. Einmal hatte der Heimleiter eine kleine Maus in der Falle gefangen. Er zeigte sie uns Kindern. Durch das feste Metall war ihr Bauch völlig platt gedrückt. Ich holte mir die weggeworfene Maus wieder und massierte solange den kleinen Bauch, bis sie wieder zu piepsen anfing. Als wir dann wieder abgereist waren, erfuhren wir, daß der Schäferhund erschossen werden mußte, weil er keinen mehr an sich heranließ.

Mit dem netten Ehepaar aus Erfurt besuchten wir uns dann öfter.

Hier in Wittenberg auf dem Bunkerberg und am Elbe-Strandbad.

In Erfurt auf dem Domplatz oder den Domstufen.

In Berlin vor der Sporthalle auf der Stalinallee.

In Erfurt auf der Internationalen Gartenbauausstellung (IGA).

Oder bei uns im Garten. Diesen Pullover aus Zellwolle mit den wunderschönen Blattranken hatte meine Mutter selbstgestrickt. Er kratzte beim Anziehen wie ein Stacheldrahtpullover.

Denn wir hatten hinter dem Reichsbahnamt, unmittelbar vor der Laderampe einen Kleingarten auf Pacht von der Deutschen Reichsbahn bekommen.

Mein Vater hatte dort selbst eine kleine Gartenlaube zusammengebaut. Wenn die Sowjetsoldaten ihre Panzer verluden, stibitzten sie auch manchmal bei uns Obst. Darüber ärgerte sich mein Vater gewaltig.

Unsere grünen filigranen Büsche am Weg fand ich zauberhaft.

Kapitel 6:

Gefährlicher Spielplatz

Als ich acht Jahre alt war, bekam mein Vater, der damals im Reichsbahnamt beschäftigt war, eine 2-Zimmer-Betriebswohnung in der ersten Etage links in einem gelben Klinkerhaus im Bahngelände in Wittenberg, direkt an den Bahngleisen der Strecke Berlin–Leipzig.

Also zogen wir um. Hier gab es ein riesiges Gelände zu erkunden, das war super. Immer, wenn ich zur Toilette mußte, lief ich von der ersten Etage zur Haustüre hinaus ins unmittelbar daneben eingebaute Waschküchenhaus. Dort wurde nach der Pflaumenernte immer der Waschkessel zweckentfremdet und Pflaumenmus gekocht. Neben der Waschküche tat sich ein langer Gang mit fünf verschlossenen Toiletten mit Wasserspülung auf. Sehr eilig durfte ich es nicht haben. Abgesehen von dem Weg waren immerhin mindestens drei Türen aufzuschließen. Sehr einladend war der kahle Gang auch nicht, und wenn dann noch eine Lokomotive unverhofft Dampf abließ, schreckte ich jedesmal gewaltig zusammen. Im Vergleich zur Wohnung, in der wir zuerst gelebt hatten, war es schon sehr komfortabel. Ich brauchte nicht bei Wind und Wetter einmal quer über den Hof auf ein Plumpsklosett zu gehen, wo es besonders im Winter immer unheimlich zog und im Sommer unangenehm roch. Gegenüber von dem Gebäude stand ein riesiger Wasserturm und unten war eine wunderschöne Reckstange, wo ich sehr gern meinen Felgaufschwung mit

Knieumschwung üben konnte. Gleich daneben befand sich ein Abstellgleis, wo immer eine Minidiesellok stand, die ich wie einen Roller anschieben konnte und dann fuhr die ganz allein auf den Schienen. Das machte irrsinnig viel Spaß! Bis ich eines Tages von meinem Vater erwischt worden bin! Nie habe ich Schläge bekommen. Just in diesem Augenblick aber eine Ohrfeige, daß ich gleich in eine Ecke flog und Nasenbluten bekam.

Vom Küchenfenster aus sah ich auf einen Ablaufberg. Dort zog eine Diesellok jeden Tag mehrere Güterwaggons hinauf. Ein Rangierer koppelte diese dann einzeln ab. Sie rollten langsam hinunter, wurden auf verschiedene Gleise geleitet und kurz vor dem Erreichen manchmal mit einem jämmerlich quietschenden Hemmschuh gebremst. So wurden tagtäglich die Güterzüge zusammengekoppelt, die dann in sämtliche Himmelsrichtungen fuhren. Wenn wir einmal zum Bahnhof gehen mußten, nahmen wir den kürzeren Weg über die unzähligen Bahngleise. Das war nicht ganz ungefährlich, weil Schnellzüge im Handumdrehen neben uns fuhren. Da habe ich auch oft Dampflokomotiven stehen sehen, wo vorn die Klappe auf war zum Reinigen. Es war schon gruselig, dieses gewaltige Feuerloch zu sehen.

Mit Harald, dem Nachbarsjungen, habe ich oft auf diesem Gelände gespielt und lernte so manches Jungenspiel kennen!

So spielten wir einmal Fangen mit einem kleinen Pflasterstein. Der traf mich am Kinn und das Blut strömte nur so aus der klaffenden Wunde. Meine Mutter mußte mein Kinn sofort im Krankenhaus nähen lassen. Manchmal war ein Ferienkind bei der Oma über uns. Da spielten wir alle gemeinsam im hübsch angelegten Schrebergarten der Oma hinter dem Haus.

Mein Lieblingsspielplatz war hinter dem Schornstein auf dem Schuppendach. Niemand konnte mich dort finden, das fand ich so toll. An den Mauervorsprüngen entlanggeklettert, kam ich wunderbar auf das Dach. Sogar meine Lieblingspuppe mit Decke habe ich da mit hoch genommen. Sehr oft habe ich mit meinen Freundinnen auch Vater, Mutter, Kind gespielt. In den zahlreichen Gebüschen eine gemütliche Wohnung gebaut. Es gab auch immer eine Küche, wo richtiges Essen gekocht wurde. Es zischte und dampfte nur so!

Auf dem Gelände befanden sich auch viele Werkstätten für die Bahn. In der Tischlerei gab es frische Sägespäne, die sich für viele Sachen verwenden lassen. Metallteile in verschiedenen Größen lagen in der Schmiede umher. Da fand ich immer so einiges, womit sich sehr kreativ manches gestalten ließ. Das Besondere war die Karbidgrube. Die Schlußleuchten an den Eisenbahnwaggons wurden früher mit Karbid gefüllt. Ich erinnere mich an die Grube. Sie hatte die Größe eines Schreibtisches. Ich kletterte da hinein und holte immer ein bißchen Pulver heraus für meinen sogenannten Küchenofen beim Spielen. Wenn ich dieses Pulver mit ein wenig Sand vermischte oder ein paar Blümchen, die Wegwarte, zerbröckelte, brodelte immer alles wie in einer richtigen Küche. Natürlich sahen meine Sachen immer weiß beschmiert aus.

Im nachhinein war es auch nicht ganz ungefährlich!

Kapitel 7:

Große Wäsche

Ach, wie ist es doch heute einfach, Wäsche zu waschen!

Da ich als Kind sehr gern umhertobte, hinterließ das auf meinen wenigen Kleidungsstücken, die ich besaß, auch immense Spuren. Also hatte ich die Aufgabe meine Wäsche auch wieder selbst zu säubern. Tags zuvor wurden die Wäschestücke in einer Seifenlauge eingeweicht, damit sich der gröbste Schmutz lösen sollte. Dann stellte mir mein Vater unsere ovale Zinkwanne auf dem Hof vor dem Haus auf. Auf dem Waschbrett schrubbte ich nun mit einer Handwaschbürste und Kernseife die letzten Schmutzrestchen weg. Dann spülte ich die Wäsche in zwei unterschiedlichen Eimern und hängte alles gleich zum Trocknen auf eine Wäscheleine. Damals gab es Holzklammern, die nicht immer richtig fest hielten. War die Leine voll mit Wäsche, wurde in der Mitte unter der Wäscheleine eine Holzstütze gestellt, die Leine etwas damit angehoben und nach oben geschoben, damit die längeren Wäscheteile nicht auf den Rasen schleppten und besser im Wind trocknen konnten. Wenn alles trokken war, ging es ans Bügeln. Auch das war meine Aufgabe. Bei der Oma hatte ich noch ein gußeisernes Bügeleisen kennengelernt. Ein spezieller Stein wurde solange in die Ofenglut gelegt, bis er glühte. Wurde dann mit einer Eisenzange herausgeholt und in das hohle Bügeleisen geschoben. Man mußte sich beeilen mit dem Bügeln, weil sich der Stein sehr schnell abkühlte.

Kapitel 8:

Lieblingsomi Agnes

Als Kind habe ich sehr oft meine Ferien bei meiner Lieblingsomi Agnes in Plossig verbracht. Nach der Scheidung vom Opa lebte sie dort, vier Kilometer entfernt vom Bauernhof in Hohndorf.

Zuerst wohnte sie in einem klitzekleinen Häuschen mit nur zwei Stübchen, einer Küche, einem Flur und Veranda. Auf der Veranda waren zwei Bänke. Sehr oft habe ich mit ihr dort gesessen und konnte alles auf dem Hof beobachten. Die Toilette erreichte ich, wenn ich einmal über den Hof ging, rechts vor dem Hoftor war ein kleines Herzhäuschen aus Holz. Im Sommer stank es dort immer sehr und viele Fliegen schwirrten umher.

Auf dem Hof gab es Hühner mit kleinen Schiepchen, auch Enten, Gänse und kleine Zicklein. Mit denen habe ich immer Fangen gespielt. Auch zwei Schweine wurden gefüttert. Jeden Morgen kochte im kleinen Flur der Kartoffeldämpfer. Den Duft habe ich heute noch in der Nase. Die warmen Kartoffeln mit etwas Kleie gemischt bekamen die Schweine zum Fressen. Einmal im Jahr war Schlachtefest. Da durfte ich Blut rühren für die Wurst. Mein Vater kostete immer mit zwei Fingern die rohe gemischte Wurst aus der Holzmulde, ob sie richtig gewürzt war. Es wurde viel eingekocht und wir waren dann wieder für eine Weile versorgt. Es gab eine Ziege, die fast immer, wenn ich zu ihr in den Stall ging, mit mir lachte. Die Hühner legten Eier und die durfte ich immer aus dem Stall holen. Sie wurden mit einem Stempel versehen und im Dorfkonsum abgegeben. Sehr gern bin ich im Stall die Leiter hochgekrabbelt und habe auf dem Heuboden mit den kleinen Kätzchen gespielt. Einmal habe ich mit den Schiepchen im Hof gespielt und immer kleine

Steinchen geworfen. Dabei blieben ein paar liegen. Da war meine Oma nicht erfreut drüber. Als ich noch ganz klein war, ging meine Oma in den Keller, um Kartoffeln zu holen, und ich habe die Tür zugemacht. Die Oma hat mit Engelszungen über eine Stunde mit mir geredet: „Heidi, bitte mach die Tür wieder auf, du mußt nur den kleinen Riegel wieder zurückschieben. Hast du das jetzt verstanden? Komm, die Oma hilft jetzt drücken!"

Tante Ursel war die Tochter und mein Vater der Sohn meiner Lieblingsoma.

Als ich neun Jahre alt war, heirateten Tante Ursel und Onkel Werner in Plossig. An der Eingangstür wurde eine Wolldecke aufgehangen, als Hintergrund für das Hochzeitsfoto. Auf dem Hof stand ein riesiges Motorrad. Ich durfte auch einmal zur Probe darauf sitzen.

Onkel Werner nahm mich auch mal auf seinem Fahrrad mit zu meinem Opa.

Kapitel 9:

Schulfreundin Helga

Meine Freundin Helga und ich besuchten gemeinsam die vierte Klasse in Wittenberg und spielten nach der Schule oft miteinander. Sehr gern kreiselten wir bei uns auf den vielen Betonplatten. Oder murmelten. Helga mit wunderschönen großen Glasmurmeln und ich mit Katzenaugen oder bunten Tonmurmeln. Sehr oft bis zum Dunkelwerden bei Helga unter dem Rotdornbaum vor ihrem Haus. Ab dem vierten Schuljahr, so war es vom Staat festgelegt, wurden aus uns Jungpioniere, Thälmannpioniere. Benannt nach dem ehemaligen Politiker Ernst Thälmann, der damals als unfehlbarer Politiker der KPD galt und einst durch die Nationalsozialisten verhaftet und im Konzentrationslager Buchenwald hingerichtet wurde. Wir trugen nun statt dem blauen das rote Halstuch. Wir besaßen damals noch keinen Fernseher.

Bei Unterhaltungssendungen wie „Ein Kessel Buntes“ oder „Mainz, wie es singt und lacht“ gingen meine Eltern schon einmal zu Helgas Eltern fernsehen. Ich muß dazu sagen, daß Helgas Vater ein echter Mainzer war. Wenn er erzählte, mußte man sich gewaltig anstrengen, zuzuhören, um alles zu verstehen.

In der Zwischenzeit haben wir zwei immer irgend etwas angestellt. Hinter unserem Haus hatten wir unseren Schuppen, worin unsere Fahrräder, Holz und Kohlen für den Winter und diverse abgestellte Sachen verwahrt wurden. Diesen Schuppen hatte ich auch einmal zweckentfremdet. Wir fanden eine kleine süße Katze, die anscheinend zu niemandem gehörte. Flugs ließ ich alle meine Schulbücher bei der Helga, da sie gleich neben der Schule wohnte, und steckte die Katze in meinen Schulranzen. Ich besorgte mir den Schuppenschlüssel und ließ sie dort wieder frei. Von Stund an hatte ich nun sehr oft etwas in diesem Schuppen zu holen. Heimlich brachte ich frische Milch und andere Leckereien in den Schuppen. Das Spiel ging solange gut, bis mein Vater einmal vom Dienst kam und sein Fahrrad dort reinstellen wollte und von einer wilden Katze angesprungen wurde. Sie war dann auch weggelaufen. Ich wußte natürlich von nix!

Als wir dann ein bißchen älter waren, fuhren wir oft mit unseren Fahrrädern zur Stadt. Die Rosa-Luxemburg-Straße hoch, es war eine Einbahnstraße, und machten halt, um eine Bockwurst zu essen, dann ging es zum Spielplatz am Pionierhaus. Dort war eine riesige 10-Personen-Schaukel, die hatte es uns angetan. Da drehten wir ein paar Runden.

Oder wir jagten in Windeseile den Schloßturm hinauf, wenn wir Glück hatten, bimmelten die Glocken neben uns. Zurück fuhren wir auf der Collegienstraße

und schleckerten uns meist noch ein Eis. Oder wir hatten wieder einmal ein paar Freunde zur Luthereiche bestellt und schauten uns oben vom Bunkerberg aus an, wie sie unten auf uns warteten.

Endlich hatte mein Vater auf vielen Umwegen eine Natoplane für mich besorgt. Wir hatten ja keine Westbeziehungen. Das war ein klein zusammenfaltbarer Regenmantel, der beim Laufen immer so schön knisterte. Ich trug ihn ganz stolz, genau wie mein erstes, im Schneiderkurs selbstgenähtes Sommerkleidchen.

Kapitel 10:

Bude 100, Badesee

Mit meinem dreizehnten Lebensjahr habe ich erst schwimmen gelernt.

Im Schwimmbad in Friedrichstadt konnte ich das Schwimmen sehr gut allein lernen, weil die Seiten des Schwimmbeckens schräg hineingingen. Dort habe ich meine Schwimmprüfung abgelegt. Nun durfte ich endlich von meinen Eltern aus im Sommer, in allen Seen der Umgebung, baden gehen.

Über die Elbbrücke, fast an dem Eisenbahnhäuschen „Bude 100", war gleich ein alter Elbarm, mein Badesee. Bei Hochwasser stand hier alles unter Wasser.

Nur mit einem Buch und meinen Badesachen bewaffnet, bin ich mit dem Fahrrad sehr oft allein dort hingefahren.

Im Wasser schwamm ein alter Baustamm, da habe ich mich darauf gesetzt und bin damit wie auf einer Luftmatratze umhergepaddelt. Die größeren Strecken fuhren wir oft zu zweit, meine Freundin Helga und ich, so fast fünfundzwanzig Kilometer nach Bergwitz zum FKK-Strand. Das war ein ehemaliger Braunkohlentagebau.

Der FKK-Strand lag auf der verbotenen Seite, wo Einsturzgefahr drohte. Wenn wir dort einen Tag lang im Wasser waren, wurden unsere Fingernägel hellbraun. Oder der Silbersee in Coswig war sehr schön zum Baden. Oft ging unsere Fahrt zum Wörlitzer Park, um über die schaukelnde Kettenbrücke zu laufen. Wir sind kilometerweit sehr viel allein umhergefahren.

Kapitel 11:

Betriebssportgemeinschaft Lokomotive

Meine Freundin und ich hatten viele Ideen, so wollten wir einmal Trompete spielen lernen. Da es an den Instrumenten scheiterte, haben wir es wieder verworfen. Ich hatte daheim zwar ein Akkordeon von meines Vaters Kulturhaus ausgeliehen zum selbständigen Üben. Für Stunden nehmen war aber kein Geld da. Helga hatte sich für Tennisspielen entschlossen, das war auch eine Nummer zu groß für mich. Die Anschaffung der Kleidung und Schläger wäre für mich nicht möglich gewesen. Schließlich haben wir uns für etwas ganz anderes entschieden. Wir traten dem Verein „Betriebssportgemeinschaft Lokomotive" bei. Dieser bot immer montagnachmittags außerschulischen Sport an. Leichtathletik: Laufen, Weit- und Hochsprung, sowie Geräteturnen: Reck und Stufenbarren. Sehr gern turnte ich am Stufenbarren, und am Reck war meine Lieblingsübung der Felgaufschwung mit dem Knieumschwung. Außerdem liebten wir unendlich das Trampolinspringen und Turnen an den Ringen. Wir hatten unseren Spaß dort. Zu den jährlichen Maidemonstrationen marschierten wir als Sportgruppe mit durch die Straßen von Wittenberg.

Kapitel 12:

Grüne Bohnen

Beim heutigen täglichen Einkauf durchstreifen wir oft Obst- und Gemüseabteilungen. Mein Blick fällt dann immer auf die grünen Bohnen, die heutzutage gleichmäßig verpackt, eingeschweißt oder Handvoll lose zu kaufen sind. Wir haben uns damals unser Taschengeld damit verdient. Die Mutter von meiner Freundin hatte Beziehungen zu einem Ost- und Gemüsehändler, weil sie fast täglich aus ihrem Garten frischen Schnittlauch und Petersilie dorthin brachte. Wenn wir Ferien oder einmal schulfrei hatten, ließ sie jede Menge 5-kg-Säcke Bohnen anliefern, und wir hatten nun tagsüber die Aufgabe, bei allen Bohnen den Stiel und die Blüte zu entfernen. Da meine Freundin in einem eigenen Haus wohnte, hatten sie im Obergeschoß viel Platz dafür. Wir saßen so manchen Tag und erzählten uns viele Geschichten und nebenbei wurden die Bohnen fertig. Für jeden fertigen Sack bekamen wir fünfzig Pfennige.

Kapitel 13:

Mein erster Regenschirm

Ich bin ja nicht aus Zucker" – das war die gängigste Redewendung, wenn es einmal tüchtig am Regnen war. Natürlich gab es Regencapes mit Kapuze, oder ich ging im Regen so langsam dahin und fand es einfach schön, so berieselt zu werden. Es hatte den Vorteil, daß ich diesbezüglich nicht verwöhnt war und einfach die Natur genoß. Wenn es dann doch einmal wie aus Kannen goß, war der Wunsch schon da, auch einen eigenen Regenschirm zu besitzen, um nicht mehr so mit tropfendem Haar irgendwo sitzen zu müssen. Diesen Wunsch realisierte ich mir dann im Teeniealter. Meine Freundin und ich fanden die Gurkeneinlegerei Marquardt, wo wir in unseren Ferien für eine Woche lang jobbten. Morgens um 6 Uhr war Beginn und Ende um 14 Uhr. Die frisch geernteten grünen Gurken wurden täglich gleich morgens in allen Größen und in rauhen Mengen angeliefert. Zuallererst gründlich gewaschen, dann Senfkörner und anderes Gewürz in die zuvor gewaschenen Gläser verteilt. Zuletzt per Hand die Gurken dicht in die Gläser gestopft und die selbstgefertigte Lake randvoll auf die Gläser gegossen, mit Gummiringen versehen und mit dem Deckel verschlossen. Nun mußten alle Weckgläser nur noch im riesigen Weckkessel kurz kochen. Die noch heißen Gläser wurden aus dem Kessel genommen, um Platz für den nächsten Satz zu haben. So wiederholte sich das am laufenden Band. Eine andere Arbeit war Weißkohlstampfen. Die frisch geernteten Weißkohlköpfe wurden mit einer riesigen Brotschneidemaschine zerschnitten und in ein riesiges Holzfaß geschüttet. Ich zog spezielle Stiefel an und trat in einem riesigen Holzfaß den frisch geschnittenen Weißkohl fest. Nachdem eine ca. 30 cm dicke Schicht entstanden war, streute ich Salz darüber. Das wiederholte sich, bis das Faß voll war. Nach längerem Stehen wurde dann daraus das berühmte Sauerkraut. Es war hochinteressant, was ich bei Marquardts alles kennengelernt hatte. Als Wochenlohn für meine Arbeit bekam ich 60 Mark. Davon kaufte ich mir meinen ersten Regenschirm – einen ganz schicken roten Knirps. Den konnte ich ganz klein zusammenfalten und er fand in jeder Tasche Platz. Den Schirm habe ich jahrelang gut verwahrt und stolz bei jedem Regen aufgespannt.

Kapitel 14:

Verwöhntes Einzelkind

Die Söhne Mannheims, eine derzeit populäre Band, bringen es auf den Punkt in ihrem Song. Eine Textzeile daraus heißt: „Der Mensch lernt nur, wenn er Scheiße frißt!" – Wie wahr ist doch dieser Satz – wenn er auch ziemlich drastisch klingt!

In den jungen Jahren macht man sich um nichts einen Kopf, man lebt in den Tag hinein. Natürlich will man alles viel, viel besser machen, nimmt man sich vor und glaubt das am Ende auch noch!

Man stößt die eigenen Eltern ungeheuerlich vor den Kopf und merkt es gar nicht, weil man mit seinen eigenen Kindern und der täglichen Arbeit selbst viel zuviel um die Ohren hat.

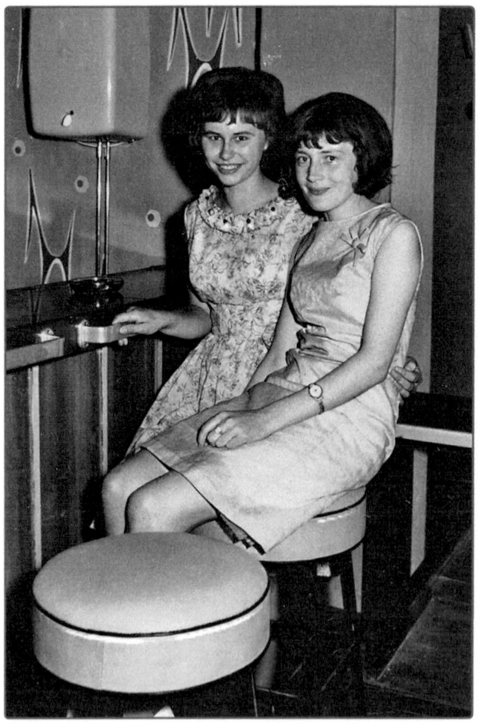

Dann ist die Zeit reif, alles besser machen zu können? Und? Sicherlich, es gibt dann in der nächsten Generation immer technische Verbesserungen, die es ermöglichen, ein leichteres, etwas anderes Leben zu leben. Aber im großen und ganzen ändert sich nichts am Lebensrhythmus. Alles wiederholt sich wie ein Perpetuum mobile. Leider stellt man das alles erst im fortgeschrittenen Alter fest, wenn man selbst gewisse Lebenserfahrungen gesammelt hat!

Ich war ein Einzelkind und wuchs ohne Geschwister auf.

Meine Freundin Helga wollte ich einmal als Schwester bei mir daheim aufnehmen. Es war in der Zeit, als sie erfahren hatte, daß ihre Eltern ihre Adoptiveltern sind. Helga stammte aus einer sehr kinderreichen Familie und die Adoptiveltern hatten keine Kinder bekommen und zogen Helga mit viel Liebe groß. Sie wollten, daß etwas aus ihr wird und sie es einmal leichter haben sollte.

Kinder sind sehr ungerecht, besonders im pubertierenden Alter – wir waren es auch!

Mit meinen Eltern hatte ich alles geregelt, aber es kam nicht dazu, weil ihre Eltern nicht einwilligten. Meine Eltern, hauptsächlich mein Vater, legte die Meßlatte der täglich einzuhaltenden Regeln sehr hoch an. So bekam ich bei den kleinsten Vergehen Stubenarrest oder immense Schreibarbeiten aufgebürdet. Die Unart, die ich gerade begangen hatte, mußte ich, je nach Schwere des Deliktes, zwanzig Mal oder fünfzig Mal aufschreiben. Im nachhinein habe ich erkannt, daß das gar nicht so schlecht war, einerseits die nötige Disziplin zu erlangen, und andererseits noch viel wichtiger, ich habe dadurch eine tolle Handschrift bekommen. Ich schrieb auch sehr gern Briefe, betrieb eine riesige Korrespondenz in alle Ecken der Welt.

So bereits ab dem siebenten Schuljahr mit Ramesh nach Kenia, um meine Englischkenntnisse zu verbessern, mit Ekaterina nach Schitomir, um meine Russischkenntnisse zu erweitern.

Kapitel 15:

Kartoffeleinsatz

Immer im Herbst – Mitte Oktober –, wenn die Kartoffeln geerntet wurden, fuhren wir in den Kartoffeleinsatz. Es war an allen Schulen so eingerichtet, daß die Schülerinnen und Schüler der 8. bis 10. Klassen auf irgendeiner Landwirtschaftlichen Produktionsgenossenschaft (LPG) für ein oder zwei Wochen zum Ernteeinsatz fuhren. Wir halfen damit den Bauern, die Kartoffelernte unter Dach und Fach zu bringen. Unterkunft fanden wir in Scheunen, das war oft sehr lustig, weil wir natürlich sehr viel Unsinn im Kopf hatten und so manchen Schabernack anstellten. Nach einem kräftigen Frühstück auf dem Bauernhof kletterten wir alle auf einen Hänger, der von einem Traktor gezogen wurde und uns auf die Felder brachte. Zuvor war ein Pflug durchgefahren und hatte die Kartoffeln an die Oberfläche befördert. Dann bekamen wir jeder ein Körbchen in die Hand gedrückt und lasen die umherliegenden Kartoffeln auf. Als Anreiz erhielten wir für jedes Körbchen dreißig Pfennige. Nun war natürlich ein jeder bestrebt, die meisten Körbchen zu haben. Der Erlös wurde in die Klassenkasse getan und wir ersparten uns damit die nächste gemeinsame Klassenfahrt. Mittags kam ein Versorgungsfahrzeug und brachte einen kräftigen Eintopf für alle aufs Feld. Das schmeckte an der Luft und bei der vielen Arbeit noch mal so gut.

Vor allem waren die Abende in der Klassengemeinschaft sehr schön, es gab sehr viel zu erzählen. Manche spielten auch Karten oder Schach und vertrieben sich die Zeit bis zum Dunkelwerden, bis wir alle todmüde umfielen. Denn Strom gab es dort keinen, höchstens eine Taschenlampe. Mit ihrer Hilfe erreichten wir, wenn es nötig war, dann die Toiletten auf dem Hof.

Ja, es hatte schon einen besonderen Charakter, in einer Scheune auf dem Stroh oder Heu zu schlafen.

Um so mehr schätzte ich mein eigenes Bett daheim. Wenn ich auch nur auf der Couch im Wohnzimmer schlief.

Kapitel 16:

Kugelblitz

Ein Sommertag im Jahre 1960. Ich war elf Jahre alt. Meine Mutter hatte, wie jeden Tag, für uns drei ein leckeres Mittagessen zubereitet. Draußen war es gespenstisch ruhig und es wurde zusehends dunkler. Es braute sich ein Gewitter zusammen.

Gerade noch rechtzeitig war ich aus der Schule nach Hause gekommen. Die Luft war drückend heiß.

Aufkommender Wind ließ eine Tür unsanft ins Schloß fallen. Meine Mutter rief mir zu: „Mach bitte schnell das Fenster zu, wir gehen gleich in den Hausflur."

Wir bewohnten mit weiteren vier Familien immer noch die Betriebswohnung direkt am Bahngelände neben dem Wasserturm. Ein greller Blitz und kurz darauf ein Donner ließen mich zusammenschrecken. Das Grollen war wesentlich lauter als das Zusammenstoßen der Waggons, wenn kein Hemmschuh sie abbremste! Schnell ging ich freiwillig mit meiner Mutter, die sich ihre vorbereitete Handtasche mit den wichtigsten Papieren schnappte, in das Treppenhaus. Dort saßen bereits zwei Mitbewohner auf der Holztreppe. Nur die Familie links im Erdgeschoß blieb in der Wohnung. Der Ehemann hatte vor ein paar Tagen einen Herzinfarkt erlitten.

Da dieses Gebäude bei jedem Gewitter von einem Blitz getroffen wurde, waren alle Bewohner inzwischen darauf eingestellt, im Notfall ihre Bleibe sofort verlassen zu können. Vor dem Wasserturm diente ein riesengroßer Kran zum Nachfüllen des nassen Elementes für die damaligen Dampflokomotiven. Die Wasseradern zogen sich unterirdisch bis zum Refugium. Gemeinsam mit dem vorhandenen Elektrizitätsfeld der vielen Weichen und Signale führte dieses immense Spannungsfeld bei jedem Gewitter zu den ständigen Dauereinschlägen. Ein sogenannter „kalter" Blitzeinschlag hinterließ immer einen Riß im Mauerwerk. Es waren bereits unzählige Risse vorhanden. Ein „heißer" Blitzeinschlag hingegen würde das Haus sofort in Brand setzen. So hörte ich die anderen Mieter diskutieren. Wir unterhielten uns und waren aufgestanden, weil es allzusehr donnerte. Meine Mutter lehnte am Treppengeländer und ich auf derselben Stufe an der Wand. Da gab es einen ohrenbetäubenden Knall, der durch Mark und Bein ging. So etwas hatte ich noch niemals vorher gehört! Wir waren taub vor Schreck. Es stank nach Schwefel. Auf einmal schwebte, in Höhe unserer Köpfe von oben kommend, eine leuchtende Kugel in der Größe eines Fußballs zwischen uns beiden hindurch. Diese Kugel schlug schließlich auf den Fliesen des Flures auf, sprang wie ein Ball zur offenstehenden Haustür hinaus und zerfiel in tausend kleine Stücke auf dem Rasen. Das war ein unvergeßlicher Augenblick.

Meine Mutter und ich hörten erst nach zwei Stunden wieder richtig. Der Mann mit dem Herzinfarkt war verstorben.

Seither nannte ich dieses Bauwerk Streichholzschachtelhaus.

Mit ein bißchen Phantasie sah es durch die gelb gemauerten Backsteine und das flache Teerdach auch so aus.

Kapitel 17:

Mauerbau

Ich kann mich noch sehr gut an diesen Tag erinnern. Ich war gerade zwölf Jahre alt geworden, wir hatten zwar noch Ferien, aber in den Ferienspielen erklärte uns unsere Betreuerin: „Endlich haben wir den antifaschistischen Schutzwall errichtet. Keine Hetze und Schundliteratur werden uns nun mehr erreichen. Ab heute steht eine Mauer, die streng bewacht wird, und nichts ist mehr möglich." Zonengrenze und Zollstock gab es auch nicht in unserem Sprachgebrauch. Damit wir es besser verstehen, zeichneten und schrieben wir alles auf. Wie versteht das eine Zwölfjährige? Keinen Kaugummi mehr, kein Westpaket mit Jeans von der Westtante oder dem Westonkel? Ich hatte ja keine Verwandtschaft. So richtig klar war nicht, was da passierte. Oder doch? Mir fiel unsere letzte Urlaubsreise ein, wo wir in Berlin mit der S-Bahn plötzlich durch den Westen gefahren waren. Mein Vater war kreidebleich gewesen! Ein sehr netter Mann war eingestiegen und hatte mir Westschokolade angeboten. Ich durfte nichts anrühren. Meine Mutter sagte nur: „Danke, sie hat gerade ihre Schokolade aufgegessen, das reicht für heute!" Wie war ich empört, das stimmte doch überhaupt nicht! Verstanden habe ich nichts! Meine Mutter hörte ich sehr oft erzählen: „Na, wenn es mal wieder anders kommt!"

Ich konnte mir damals nicht vorstellen, was anders kommen sollte.

Kapitel 18:

Krippenspiel, Parteistrafe

Mein Vater bekam eine Nierenkolik und wurde ins Krankenhaus eingeliefert. Über drei Monate brachte er im Krankenhaus zu. Die Nierensteine mußten mühsam gesprengt werden. Um die Weihnachtszeit war er soweit wiederhergestellt, daß es ihm zusehends besser erging. Es wurde das Krippenspiel mit den Patienten vorbereitet. Er hatte nur einen Satz zu sagen. Sein Chef hatte zur selben Zeit seine kranke Mutter dort und sah das Krippenspiel mit an. Parteigenossen war es nicht erlaubt, an kirchlichen Veranstaltungen teilzunehmen. Mein Vater wurde sofort vom Dienst suspendiert und bekam obendrein noch eine Parteistrafe, die uns finanziell sehr zu schaffen machte. Das war für mich der Augenblick, wo ich mich fest entschlossen habe, niemals in die sozialistische Einheitspartei einzutreten. Obwohl seit der Einschulung alles wie von selbst lief. Die Jungpioniere wurden ab dem vierten Schuljahr Thälmannpioniere, die Pionierorganisation wurde in der achten Klasse von der Freien Deutschen Jugend abgelöst und endete als Kaderreserve für die sozialistische Einheitspartei. Mein Vater kündigte bei der Deutschen Reichsbahn, war kurzzeitig bei der Stadt beschäftigt und wurde dann als Kulturhausleiter in einem Produktionsbetrieb eingesetzt.

Kapitel 19:

Gagfahsiedlung

Wir zogen von dem Streichholzschachtelhaus an der Bahn in eine 2-Zimmer-Wohnung mit Dachmansarde in die Gagfahsiedlung am Stern um. Links neben der Haustür, durch das klitzekleine Toilettenfenster bin ich bei Stubenarrest einmal ausgebüxt.

Alle meine Lieblingsschauspieler hatte ich über meinem Bett an die Wand geklebt.

Stern hieß die nächstgelegene Bushaltestelle. Es gab dort auch ein Milchgeschäft, wo ich noch Milch in der Milchkanne eingekauft habe. Beim Nachhauselaufen durfte ich die Milchkanne nicht hin und her schlenkern, um die Milch nicht zu verschütten. Dennoch habe ich sehr oft Karussell oder Überschlag mit der offenen Milchkanne gespielt. Im Konsum an der Ecke, wo ich auch oft einkaufen ging, wurden damals etliche Lebensmittel per Strichliste zugeteilt. So gab es pro Person pro Woche ein Stück Butter. Wegen des Einzugsbereiches mußte ich auch die Schule wechseln. Zu meiner Freundin Helga war es nun etwas weiter. Aber über den verbotenen Feldweg, bei der Russensiedlung vorbei ein Klacks. Es waren besetzte Einfamilienhäuser, die sich in einem katastrophalen Zustand befanden, wie Teppiche an den Wänden, offene Löcher ohne Rahmen als Kellerfenster, wo die Kohlen und Kartoffeln achtlos hereingeschmissen wurden, Fensterscheiben mit Zeitungspapier beklebt, nur eine Glühbirne am Kabel als Lampe. In einem Haus befand sich auch ein Fischgeschäft. Ich freute mich immer, wenn meine Mutter dorthin ging. Meistens waren auch Russenfrauen in dicken Pelzmänteln dort, die eine Parfümfahne hinter sich herzogen. Wenn solch eine Frau vor uns war und ihr Kleingeld herunterfiel, bückte sie sich nicht. Das hob ich flugs auf und steckte es daheim in meine Sparbüchse. Wittenberg war eine Garnisonsstadt und hatte fünf Kasernen. In der Nacht rumpelten sehr oft Panzerkolonnen durch die Straßen. Mein Vater ging einmal die Woche zum Russenmagazin, dorthin nahm er mich auch oft mit. Er kaufte dort sein tschechisches Bier, Staropramen oder Budweiser, ein. Meistens trank er auch dort ein Bier und sto Gramm, das war ein größeres Schnapsglas mit 100 Gramm Wodka, und ich bekam Schokobomben. Das waren runde Pralinen mit einer leckeren Kakaofüllung als Bonbon eingewickelt. Ich konnte

auch beobachten, wie die anderen immer ihre sto Gramm Wodka getrunken und danach sofort ein Stück Speck gegessen haben. Weil das Geld nicht reichte, arbeitete mein Vater außerdem noch nebenbei als Filmvorführer im Central-Theater, so hieß unser Kino in Wittenberg, und als Reiseleiter. Deshalb fuhren wir auch öfter mal mit nach Berlin ins Hotel International und gingen mit in das Restaurant Budapest.

Oder fuhren mit nach Leipzig zur Internationalen Campingausstellung …

… um mit Vaters Reiseleiter-Kollegin Agi aus Budapest zusammenzutreffen. Sie schwärmte in den höchsten Tönen von den deutschen Männern und hat später auch einen geheiratet.

Kapitel 20:

Jugendclubmaskottchen

Mein Vater war als Kulturhausleiter im damaligen Kulturhaus „Hermann Kürschner“ in Kleinwittenberg tätig.

Auch Karneval wurde in jedem Jahr dort zünftig gefeiert.

Bereits mit neun Jahren durfte ich meinen Vater sehr oft zur Arbeit begleiten und konnte immer an seiner Schreibmaschine üben. Ich lernte mit dem sogenannten Bürokram umzugehen, wie seine Ordner beschriften und so manches andere mehr. Negative Geschehnisse bekam ich natürlich auch mit. Eines Abends, wir wollten heimfahren und mein Vater wollte sein Fahrrad aus dem Schuppen hinter dem Kulturhaus holen, kam er nicht mehr wieder. Ich ging schließlich gucken, wo er bleibt. Ich vernahm Geräusche aus dem Schuppen und sah durch die matt beschlagene Glasscheibe in der Tür zwei Personen, die es miteinander trieben. Ab diesem Moment tat mir meine Mutter unendlich leid. Leider konnte ich an dieser Situation nicht viel ändern. Mein Vater war auch Mitglied im sogenannten Club der Intelligenz in Wittenberg, wo er an sehr vielen Abenden, bis in die Nacht hinein dienstlich zu tun hatte. Ich bekam nur manchmal mit, daß meine Mutter sich des Nachts um zwei Uhr aufmachen wollte, um ihn zu suchen. Sie sorgte sich darum, daß ihm bloß nichts passiert sei. Ich habe sie beruhigt und davon abgeraten, nachts die Suche zu starten. Sie solle bitte an sich und an mich denken.

Auch einen Jugendclub mit fünf jungen Männern hatte er in seinem Kulturhaus gegründet. Die jungen Männer mußten bei den vorbereitenden Arbeiten, wie dem Schmücken des Saales, und bei Tanzveranstaltungen bei auftretenden Streitigkeiten für Ordnung sorgen. Als ich dann mit dreizehn Jahren schon tanzen gehen durfte, natürlich unter Aufsicht meines Vaters, hatte auch der Jugendclub seine Aufsichtspflicht. Sie nahmen ihre Sache sehr ernst, klärten mich in allen Dingen auf und nannten mich ihr Jugendclubmaskottchen.

Kapitel 21:

Plauer See, dritter Urlaub

Eine nicht enden wollende Bahnfahrt mit dreimal umsteigen und fast fünf Stunden Wartezeit in Pasewalk, so ist mir dieser Urlaub in Erinnerung geblieben. Dann angekommen in Plau am See, waren wir im Strandhotel untergebracht. Das einzige, was es gab, war ein Eis-Café und ein alter Holzkahn zum Rudern, für mich viel zu schwer, ein sehr langweiliger Urlaub. Da war es ja bei meiner Lieblingsomi bedeutend schöner.

Kapitel 22:

Wiederfindung meines Opas

Mein Opa, den ich dann doch noch unter geheimnisvollen Umständen wiedergefunden habe, hatte beide Kriege miterlebt. Den Zweiten Weltkrieg in England, dort hat er Dienst bei der englischen Königin tun müssen. Er hat sich damals so gefreut, daß ich Englisch gelernt habe, und hat mir sein uraltes Englisch-Wörterbuch mit englischer Widmung von der Königin geschenkt. Ich war damals sehr stolz darauf – auch heute noch!

Als ich dreizehn Jahre alt war, verlebte ich wieder einmal meine Sommerferien auf dem Lande. Der Opa lebte drei Kilometer entfernt im Nachbardorf. Meine Omi hing auch noch sehr an meinem Opa.

Eines Tages fuhren eine Freundin vom Nachbarhof und ich dorthin und ich wollte meinen Opa unbedingt einmal bewußt kennenlernen. Also klingelten wir dort am letzten Gehöft des Dorfes. Dem Hoftor näherten sich schlürfende Schritte. Die Tür ging auf und vor uns stand ein älterer Herr mit Krückstock und Schirmmütze. Ich fragte ihn: „Haben Sie eine kleine Spende für das Deutsche Rote Kreuz?" Er musterte mich streng und zückte tatsächlich seine Geldbörse. Da konnte ich nicht länger Ruhe bewahren. „Opa", rief ich. „Erkennst du mich denn nicht mehr? Ich bin es doch, die Heidi – deine Enkelin." Nun lagen wir uns weinend in den Armen. Von da ab hatte ich immer mal ein Ziel, natürlich heimlich, auch zu meinem Opa zu fahren. Mein Vater hatte seit Jahren strikt alle Verbindungen abgebrochen.

Er erzählte viel vom Krieg und damals von den Enteignungen in der DDR. Er war Großbauer und wurde enteignet und in die sogenannte LPG, Stufe III, mehr oder weniger gezwungen einzutreten. Er hatte auch sein Parteibuch abgegeben, denn er war bei den Mißständen ausgetreten. Eine Zeitlang war er auch Bürgermeister von dem Ort gewesen. Ich habe dann immer heimlich die Wochenschau, die damals noch lief, geschaut, um die Zusammenhänge ein bißchen besser verstehen zu lernen.

Mein Vater war im Krieg in Frankreich am Mittelmeer. Er wurde dort verschüttet, aber rechtzeitig von einem guten Freund gefunden. Sie wuschen sich mit Wein, weil Wasser knapp war! Beide, mein Opa und mein Vater, haben sich also bekämpft! Als Feinde gegenübergestanden!

Kapitel 23:

Jugendweihe – Konfirmation

Mein erstes großes Ereignis, die Jugendweihe, bekam ich im April 1964 im „Haus der Schaffenden“ in Wittenberg.

Fast ein Jahr absolvierten wir Jugendstunden. Unser Jugendstundenleiter machte uns mit vielen kulturgeschichtlichen Ereignissen unserer unmittelbaren Umgebung vertraut. Dann, feierlich eingekleidet mit einem dunkelgrauen Plisseekostüm und Glacéhandschuhen, begann der Festakt. Das war nun der Schritt ins Leben? Mein Vater wollte unbedingt, daß ich zur Jugendweihe ging. Er hatte auch einen Raum im Kulturhaus gemietet, wo wir im engsten Familienkreis feiern konnten.

Nachdem wir alle das Gelöbnis gesprochen hatten, bekamen wir feierlich unsere Urkunden überreicht und wurden mit einem Buch und Blumenstrauß feierlich im Kreise der Erwachsenen aufgenommen.

G E L O E B N I S

LIEBE JUNGE FREUNDE!

SEID IHR BEREIT, ALS TREUE SÖHNE UND TÖCHTER UNSERES ARBEITER-UND-BAUERN-STAATES FÜR EIN GLÜCKLICHES LEBEN DES GANZEN DEUTSCHEN VOLKES ZU ARBEITEN UND ZU KÄMPFEN, SO ANTWORTET MIR:

JA, DAS GELOBEN WIR

SEID IHR BEREIT, MIT UNS GEMEINSAM EURE GANZE KRAFT FÜR DIE GROSSE UND EDLE SACHE DES SOZIALISMUS EINZUSETZEN, SO ANTWORTET MIR:

JA, DAS GELOBEN WIR

SEID IHR BEREIT, FÜR DIE FREUNDSCHAFT DER VÖLKER EINZUTRETEN UND MIT DEM SOWJETVOLK UND ALLEN FRIEDLIEBENDEN MENSCHEN DER WELT DEN FRIEDEN ZU SICHERN UND ZU VERTEIDIGEN, SO ANTWORTET MIR:

JA, DAS GELOBEN WIR

WIR HABEN EUER GELÖBNIS VERNOMMEN, IHR HABT EUCH EIN HOHES UND EDLES ZIEL GESETZT. IHR HABT EUCH EINGEREIHT IN DIE MILLIONENSCHAR DER MENSCHEN, DIE FÜR FRIEDEN UND SOZIALISMUS ARBEITEN UND KÄMPFEN. FEIERLICH NEHMEN WIR EUCH IN DIE GEMEINSCHAFT ALLER WERKTÄTIGEN IN UNSERER DEUTSCHEN DEMOKRATISCHEN REPUBLIK AUF UND VERSPRECHEN EUCH UNTERSTÜTZUNG, SCHUTZ UND HILFE.

MIT VEREINTEN KRÄFTEN – VORWÄRTS!

ZUM FESTTAG DER JUGENDWEIHE WÜNSCHEN WIR DIR

Heidrun Nitzschke

ALLES GUTE UND VIEL ERFOLG IN DEINEM KÜNFTIGEN LEBEN UND SCHAFFEN FÜR UNSERE DEUTSCHE DEMOKRATISCHE REPUBLIK

Wittenberg DEN 5.4.1964

Meine Mutter schickte mich heimlich zum Religionsunterricht, damit ich dann ein Jahr später, nach bestandener Prüfung, in der Stadtkirche zu Wittenberg die Konfirmation empfangen konnte, mein zweites großes Ereignis.

Dafür hatte ich ein dunkelblaues Brokatkleid mit stehendem Schiffchenkragen bekommen. Ganz exquisit!

Nun war ich zweigeteilt!

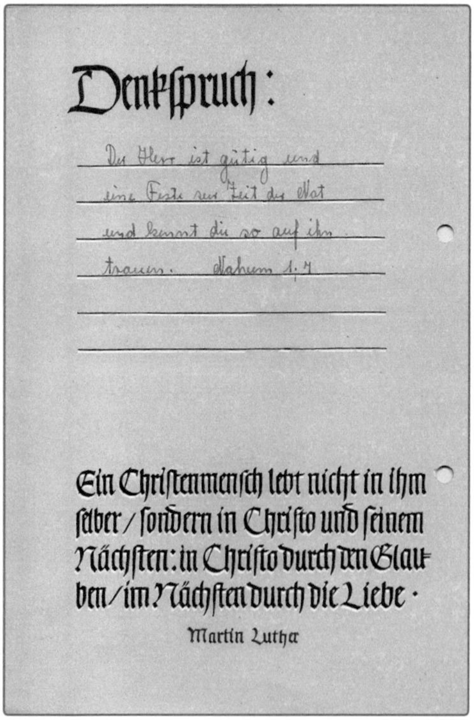

Denkspruch:

Der Herr ist gütig und eine Feste zur Zeit der Not und kennt die so auf ihn trauen. Nahum 1,7

Ein Christenmensch lebt nicht in ihm selber / sondern in Christo und seinem Nächsten: in Christo durch den Glauben / im Nächsten durch die Liebe ·

Martin Luther

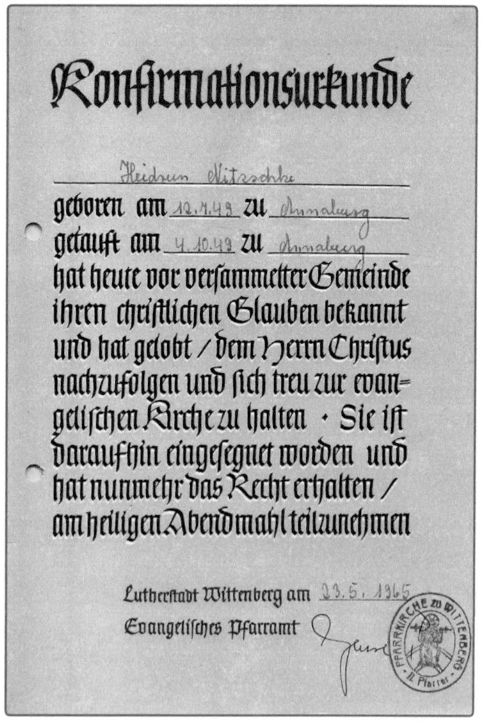

Konfirmationsurkunde

Heidrun Nitzschke
geboren am 12.7.49 zu Annaberg
getauft am 4.10.49 zu Annaberg
hat heute vor versammelter Gemeinde ihren christlichen Glauben bekannt und hat gelobt / dem Herrn Christus nachzufolgen und sich treu zur evangelischen Kirche zu halten · Sie ist daraufhin eingesegnet worden und hat nunmehr das Recht erhalten / am heiligen Abendmahl teilzunehmen

Lutherstadt Wittenberg am 23.5.1965
Evangelisches Pfarramt

Kapitel 24:

Oberschul-Tanzstunde

Mein drittes großes Ereignis war die Tanzstunde.

Auch hier veranstaltete die Freie Deutsche Jugend – wo ich seit März 1964 auch Mitglied war, alle Thälmannpioniere wurden in die Freie Deutsche Jugend aufgenommen, die Vorstufe zur Kampfreserve der Sozialistischen Einheitspartei Deutschlands –, Grundeinheit der Rosa-Luxemburg-Oberschule in Verbindung mit der Tanzschule Sachse-Beck einen Mittelball beim Erreichen der Halbzeit und einen festlichen Abschlußball am Ende der zehnten Klasse im „Kreiskulturhaus der Schaffenden“.

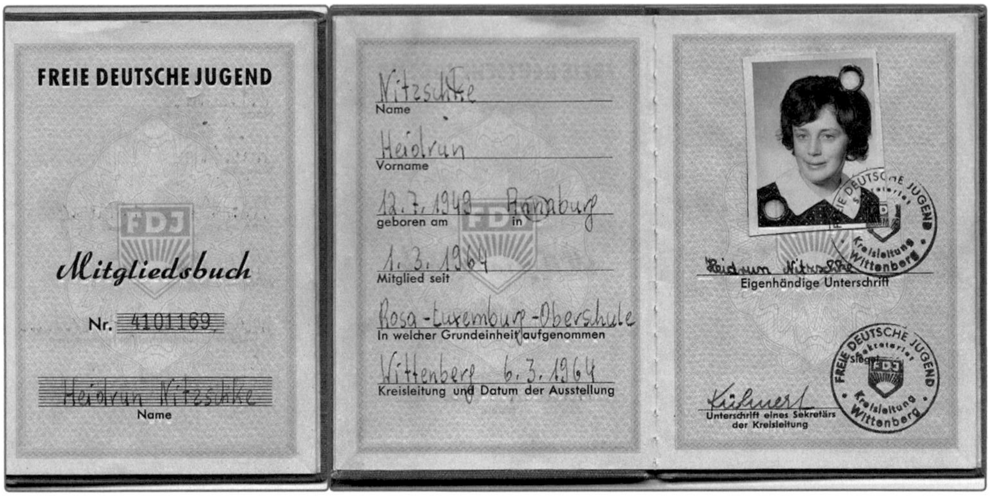
FREIE DEUTSCHE JUGEND

FDJ

Mitgliedsbuch

Nr. 4101169

Heidrun Nitzschke
Name

Nitzschke
Name

Heidrun
Vorname

12.7.1948 Hamburg
geboren am in

1.3.1964
Mitglied seit

Rosa-Luxemburg-Oberschule
In welcher Grundeinheit aufgenommen

Wittenberg 6.3.1964
Kreisleitung und Datum der Ausstellung

Freie Deutsche Jugend Sekretariat Kreisleitung Wittenberg

Heidrun Nitzschke
Eigenhändige Unterschrift

Freie Deutsche Jugend Sekretariat Kreisleitung Wittenberg

Kühnert
Unterschrift eines Sekretärs der Kreisleitung

Meine Eltern hatten eine Schneiderin an der Hand, die mir das Mittelballkleid und Abschlußballkleid günstig nähte.

Mein Tanzstundenlehrer hatte mich sehr oft zum Vortanzen ausgesucht. „Wollen Sie nicht gern weitertanzen?“ stellte er mir die Frage. Natürlich hätte ich sehr gern gewollt. Denn Tanzen war meine große Leidenschaft. Es scheiterte wiederum an der Finanzierung. Meine Mutter ging zeitweise nur stundenweise arbeiten, durch ihre weiteren zwölf Unterleibsoperationen war sie zu mehr nicht in der Lage. Wie hätten das meine Eltern je aufbringen sollen? Es reichte gerade so zum täglichen Leben.

Teil II

Kapitel 1:

Lehrausbildung

Das Problem „Was werde ich einmal?" beschäftigte auch mich ein Jahr vor Abschluß der zehnklassigen Schulausbildung. Wir mußten uns damals bereits mit dem Abschlußzeugnis der neunten Klasse um eine Lehrstelle bewerben. Mein Vater machte mir einen Vorschlag: „Wie wäre es denn mit einer kaufmännischen Lehre als Industriekaufmann in dem Betrieb, wo ich das Kulturhaus leite?" Im Sommer konnten wir mit dem Fahrrad dorthin fahren und in den Wintermonaten hatten wir die Haltestelle Stern fast vor der Tür und fuhren mit einem Doppelstockbus bis zur Christuskirche nach Kleinwittenberg. Das war gleich am Kulturhaus meines Vaters. Die Idee fand ich nicht schlecht, weil ich immer noch nicht so richtig verkraftet hatte, nicht mit meiner Freundin Helga mit Beginn der achten Klasse zur erweiterten Oberschule gekommen zu sein. Meine Eltern konnten mir das finanziell nicht bieten, weiter zur Schule zu gehen. Das hatte für mich einen immensen Leistungsabfall zur Folge. Ich hatte einfach keine Lust mehr.

Meine Lehrausbildung erhielt ich dann im damaligen Kleinbetrieb VEB Wittol in Wittenberg – nach dem Werbeslogan: der Betrieb der „7 Sauberen", wie ich in der Abteilung Werbung erfahren konnte.

Die Werbung, das teuerste Unterfangen überhaupt – ob auf Plakaten, in den Massenmedien, mit Kalendern und Kugelschreibern. Im Betrieb wurden gezogene und gegossene Kerzen, Fußbodenpflegemittel und Schuhpflegemittel hergestellt. Um einen besseren Überblick für das ganze Unternehmen zu gewinnen, gehörte es zur Ausbildung, einzelne Verwaltungsabteilungen zu durchlaufen. So war ich vom September 1966 bis März 1967 in der Abteilung Verkauf eingesetzt. Das gesamte zu beliefernde Großhandelsnetz lernte ich kennen und den Ablauf der vertraglichen Bindungen von der Erstellung der Quartalsverträge bis zur Auslieferung der Ware und der Kontrolle darüber. Anhand der Vertragskarteikarten wurden die Versandgewichte errechnet und Lieferscheinsätze erstellt. Die Disposition der zu versendenden vertraglich gebundenen Waren wurden mit Hilfe der Fertigwaren-Lagerbewegungsmeldung erstellt. Nach erfolgter Auslieferung wurden die täglichen Lieferausgänge zusammengestellt und mittels der Lieferscheine Rechnungen in der Rechnungsprüfung erstellt. Auch die Leergutkartei wurde dort überwacht. Anfang Mai bis Ende September 1967 hatte ich die Gelegenheit, Einblick in die Transportabteilung nehmen zu können. Die Sachgebiete des Verkehrswesens, konkret Schienenverkehr und Frachtenabrechnung, waren sehr abwechslungsreich. Danach folgte mein Einsatz in der Exportabteilung. Auch dort war hochinteressant zu erfahren, in welche Länder wir unsere Waren exportierten. Vom Dezember 1967 bis März 1968 lernte ich alle vorkommenden Arbeiten in der Abteilung Materialbuchhaltung kennen. Danach wurde ich von März bis Mai 1968 zu Arbeiten wie Erstellung von Gutschriften für den Kartonrücklauf, Erledigung von Schriftwechsel nach Diktat, Ablage des Schriftwechsels in der Abteilung Materialversorgung herangezogen. Außerdem erhielt ich Einblick in die Abteilung Materialplanung mit dem gesamten Bestell- und Vertragswesen.

Apropos Diktat, unser Lehrjahr war das letzte mit einer Ausbildungszeit von zweieinhalb Jahren, weil wir zusätzlich noch mit dem 10-Finger-System Schreibmaschine schreiben und Stenographie im Lehrplan hatten. Eine tolle Geschichte für mich, weil ich außerdem ein Faible für Steno hatte und abends an der Volkshochschule noch zusätzlich einen Kurs für Eilschrift belegte. Ich konnte damals Nachrichten und Kommentare – und ganz wichtig: Schlagertexte – mitschreiben, was mir unendlichen Spaß bereitete.

Zwischendurch hatte ich auch mehrere Wochen praktisch in der Produktion gearbeitet. Auch diese Seite sollten alle Lehrlinge einmal kennengelernt haben. Da wurden zum Beispiel lose gezogene oder gegossene Kerzen in vorbereiteten Faltschachteln eingepackt. Die unterschiedlichsten Verpackungen kamen aus den westlichen Ländern. Wir hatten nur die Aufgabe, unsere Produkte einzupacken. Dann wurden diese in die ganze Welt verschickt. Die Akkordzeit hatte ich nicht geschafft zu erfüllen, das war fast wie am Fließband! Wir produzierten sehr viele Artikel. Ich erinnere mich an eine faszinierende Maschine, die „Bottle-Pack“ – das Highlight damals. Es wurden kleine Plastekugeln eingefüllt. Daraus eine Flasche geblasen, befüllt mit unserem flüssigen Fußbodenpflegemittel und gleichzeitig in einem Arbeitsgang wieder verschweißt.

Im Februar 1969 hatte ich dann meine erste Etappe der Ausbildung mit „gut“ abgeschlossen. Nun mußte nur noch die Hausarbeit geschrieben und mündlich verteidigt werden. Deshalb wurde ich bis zum Anfang April 1969 in der Absatzabteilung eingesetzt und wiederum mit allen dort anfallenden Arbeiten vertraut gemacht. Auch mit der sogenannten Submission, die einmal im Jahr stattfindende

Binnenhandelsmesse in Leipzig, die ich im März 1969 miterleben durfte. Ich fand alles unheimlich spannend und abwechslungsreich, so daß ich mir das Thema „Die Aufgaben der Binnenhandelsmesse – ein Instrument zur Realisierung der Jahresverträge und der Auslastung des betrieblichen Produktionsplanes“ für meine Hausarbeit ausgesucht habe.

Abends lernte ich mit meinen Kolleginnen das Leipziger Nachtleben kennen, die Orionbar hatte es mir angetan.

Es folgten weitere Einsätze in der Abteilung Planung, wo ich als Sachbearbeiterin mit der Führung der Produktionskartei, mit Abrechnungsarbeiten und sonstigen Zuarbeiten für die betriebliche Planung beschäftigt wurde. Die Kostenrechnung und Finanzbuchhaltung bildeten den Abschluß.

In jedem Jahr wurde auch ein Betriebssportfest durchgeführt.

Kapitel 2:

Rote Ohrenspitzen

Es war im letzten Lehrjahr meiner Ausbildung zum Industriekaufmann. Ich erhielt vom Wehrkreiskommando Wittenberg meine Berufung zur Mitarbeit im Musterungsstützpunkt.

Meine Aufgabe war es, bei der Einberufung der Wehrpflichtigen mitzuarbeiten. Es war eine sehr interessante Aufgabe. Der zuständige Major hatte seinen Spaß mit mir. Ich mußte immer dann die vorbereiteten Wehrpässe ins Zimmer bringen, wenn die Jungs im Adamskostüm dastanden. Am Anfang wurde ich immer rot bis zu den Ohrenspitzen, aber irgendwann hatte ich mich daran gewöhnt. Dieser Major erkundete auch meine geheimsten Wünsche und Ziele, die ich damals so hatte. Schließlich schlug er mir vor, als Soldatin auf Zeit in die Messestadt Leipzig zu gehen, um alles zu verwirklichen. Es fand dann auch ein Vorstellungsgespräch in Leipzig in der Olbricht-Kaserne statt. Man hätte mich sehr gern dort genommen, aber ich war zweigeteilt durch meinen damaligen ersten kleinen Freund Dieter. Mit ihm hatte ich auf unserer Kellertreppe auch mein erstes sexuelles Erlebnis. Der sagte mir klipp und klar: „Du willst doch nicht als Offiziersmatratze freiwillig dort einsteigen? Ich weiß, wovon ich rede, mein Vater ist auch dabei.“ Das waren harte Worte! Also gebrauchte ich als Ausrede, daß ich zuerst mein Studium absolvieren möchte und danach vielleicht noch einmal diese Idee aufgreifen werde.

Kapitel 3:

Zwanzigster Jahrestag

Im selben Jahr, in dem ich meinen zwanzigsten Geburtstag feierte, veranstaltete die Freie Deutsche Jugend ein „Treffen junger Sozialisten“. Im Kulturhaus meines Vaters wurden auch immer die Gewerkschaftsversammlungen durchgeführt. Im Rahmen einer solchen Veranstaltung wurde ich auch zu den Treffen nach Halle und Berlin verabschiedet. Ich erhielt das Mandat zur Teilnahme für die Bezirksdelegation zu den Treffen am 27. September 1969 in Halle und für die Kreisdelegation am 4. Oktober 1969 nach Berlin. Gleichzeitig bekam ich vom Werksdirektor den Auftrag, eine riesengroße Kerze, gefertigt in unserem Betrieb, an eine Trümmerfrau in Berlin zu überreichen.

Zum Treffen nach Halle wurden wir am 27. September 1969 um 12 Uhr am Bahnhof Wittenberg verabschiedet. Dort mußte ich die angebrachte Nummer meines 50er-Blockes beachten. Ich gehörte zum Block 64 der fünften 50er-Gruppe. Anzugsordnung war das Blauhemd bzw. die blaue Bluse. Teilnahmegebühren betrugen zwei Mark für einen Verpflegungsbeutel. Das Programm in Halle lautete: 16 Uhr Ehrenparade zur Verabschiedung der Treffenteilnehmer und Stafettenabrechnung; 18 Uhr Kulturveranstaltung und Jugendtanz auf der Peißnitzinsel.

Die Kreisdelegation nach Berlin traf sich am 4. Oktober 1969 um 18 Uhr auf dem Schloßplatz zur Verabschiedung. Die Abfahrt nach Berlin war um 20:30 Uhr vom Bahnhof Wittenberg. Dort war es Block 64 der fünften 10er-Gruppe.

Ich hatte meine Kerze mit im Gepäck. Am nächsten Tag suchte ich die benannte Trümmerfrau in der Rathauspassage auf. Leider traf ich keinen an. Dann setzte ich mich auf den Telespargel ins Café und versuchte, mir bei einem leckeren Eis einen Plan zu machen. Ich fand es sehr schön da oben und genoß die wunderbare Aussicht. Dann ging ich ins Rote Rathaus und erklärte mein Anliegen. Sehr freundlich nahm man mir die Kerze und das Anschreiben ab und versprach, alles zu überreichen. Die Trümmerfrau war im Moment zur Kur.

Wieder zurück, fuhr ich mit meiner Freundin Ursula, meine mit mir Auszubildende im Betrieb, zur Ostsee nach Lubmin zelten. Das Zelt hatte uns meine Tante Ursel ausgeliehen. Wir schickten unser Gepäck vor und hatten riesengroßes Glück, daß bis zum Dunkelwerden nach unserer Ankunft mit dem Zug auch alles angekommen war. Eines Nachts versuchte jemand, unser Zelt von außen zu öffnen. Und jagte uns beiden Mädels einen riesigen Schreck ein.

Darauf beschlossen wir, sofort am nächsten Tag wieder abzureisen.

Kapitel 4:

Fernstudium, erste Immatrikulation

Gleich nach meiner Lehrausbildung als Industriekaufmann im Jahr 1969 hatte ich mich an der Fachschule für Finanzwirtschaft in Rodewisch im Vogtland beworben und die Immatrikulation zum Fernstudium unter Vorbehalt bekommen. Das hieß, ich sollte erst ein Jahr Berufspraxis nach der Ausbildung vorweisen. Fernstudium deshalb, weil es neben der Arbeit herlief.

Drei Tage in der Woche wurde normal gearbeitet und zwei Tage waren für das Studium. Nach fünf Jahren erhielt man dann den Abschluß als Finanzökonom. Es kam ganz anders!

Ich hatte ein kleines Zimmerchen unterm Dachjuche, wo ich nur in den Sommermonaten mein Domizil hatte. Meine Eltern hatten eine Wohnung im Erdgeschoß. Im Winter war mein Platz im Wohnzimmer. Das gefiel mir nicht, weil mein Vater rauchte und wir auch öfter einmal längeren Besuch hatten. Hinzu kam, daß ich im Zickenalter von zwanzig Jahren auch so meinen Kopf für mich hatte. Ich hatte meine einzige Tante und Onkel im Spreewald wohnen, die im Kraftwerk Lübbenau arbeiteten. Wir hatten wenig Kontakt zueinander, weil mein Vater das nicht so unbedingt wollte, es war seine einzige Schwester. Ich wollte eine eigene Wohnung, und die gab es in Wittenberg nicht unter zehn Jahren Wartezeit. Also fuhr ich übers Wochenende zu meiner Tante und schaute mir den Spreewald an.

Kapitel 5:

Wahrzeichen im Spreewald

Der größte Arbeitgeber war das weithin sichtbare Sieben-Schornsteine-Kohlekraftwerk Lübbenau.

Zwei links, in der Mitte drei und wieder zwei rechts. Es war schon beeindrukkend! Das Wasser der Kühltürme speiste den See in dem kleinen Spreewaldort Byhlegure. So betrug dort die Wassertemperatur zu jeder Jahreszeit 25 Grad, sehr angenehm.

Ich startete also meine erste Bewerbung im Kraftwerk Lübbenau. Der Betrieb mit dem roten Stern! Wenn er leuchtete, bedeutete das sehr gute Planerfüllung.

Nach nur zwei Tagen erhielt ich Bescheid und einen Vorstellungstermin, den ich natürlich sofort wahrnahm. Mir wurde neben dem tollen Job in der Planungsabteilung auch noch eine Einraum-Komfort-Wohnung im Hochhaus angeboten. Das war ein Zimmer mit Balkon, Einbauküche, Bad und Fernheizung. Einfach toll! Ich sagte zu und sollte mein blaues Wunder erleben!

Kapitel 6:

Blaues Wunder

Von nun an erlebte ich so manche Überraschung. Das begann in meinem Elternhaus. Als einziges Kind wurde man verwöhnt und keiner verstand, daß auch ich mein eigenes Leben leben wollte. Ich hatte eigentlich den Lenz auf Erden! Jeden Morgen, wenn ich aufstand, sorgte meine Mutter dafür, daß meine Zahnbürste mit Zahnpasta bestrichen war und das Frühstück, eine Marmeladenstulle, bereitstand. Ja, ich brauchte nur noch Zähne putzen und frühstücken. Das sollte nun ein Ende haben? Meine Mutter verstand die Welt nicht mehr und war sehr traurig und weinte, als sie hörte, daß ich von daheim wegwollte. Immer wieder schluchzte sie: „Was habe ich nur falsch gemacht?" Mein sehr strenger Vater meinte nur: „Die kommt schon wieder, keine Bange!" Ich wollte auch weg von daheim, weil mein Vater während der vielen Krankenhausaufenthalte meiner Mutter immer sehr anzüglich zu mir wurde. Also nahm ich mein kleines Köfferchen und meine wenigen Wechselsachen, die ich besaß, und fuhr mit dem Zug in den Spreewald. Dort angekommen, ging es weiter zum Kraftwerk Lübbenau. Ich meldete mich in der Personalabteilung und erfuhr, daß die Wohnung im Hochhaus im Moment nicht verfügbar sei, weil sich eine Delegation Vietnamesen angemeldet hatte, die dort untergebracht wurden. Ich sollte mich in Geduld fassen und vorübergehend ins Barackenlager ausweichen. Ich bekam also ein Zimmerchen mit noch einer jungen Frau in einer Holzbaracke. In diesem Zimmer standen ein kleiner Kanonenofen zum Anheizen, zwei Betten, in jeder Ecke eines, und dazu je ein Spind für die Sachen. Die Toiletten und Duschen waren am Ende des Ganges. Es wohnten auch noch Bauarbeiter in dieser Baracke. Jedes Mal, wenn einer von der Schicht kam, ächzten die Holzdielen unter der Last der schweren Stiefelschritte. Eine Holzbaracke hat auch sehr dünne und undichte Wände. So klaffte zum Nachbarzimmer ein von oben nach unten breiter werdender Spalt. Dort spielten sich abends Szenen zwischen zwei Mädels ab, die ich bis dahin noch nicht kannte. Viel schlimmer war das Anheizen des Kanonenofens. Unter einem Schneehaufen vor der Baracke mußte man die festgefrorenen Kohlen suchen, um ein kleines Feuerchen zu machen und ein bißchen Wärme ins Zimmer zu holen.

Für mich aus behütetem Hause war das eine sehr schwere Zeit, aber ich hatte die Worte meines Vaters im Ohr und biß mich durch. Sehr früh hatte ich gelernt, nach vorn zu schauen und niemals zurück. Meine damalige Chefin setzte sich dann dafür ein, daß ich eine bessere Unterkunft erhielt. Etwas später bekam ich dann im Nachbarort Vetschau einen Platz in einer Zwischenbelegung. Das war ein Neubaublock mit normalen Wohnungen, die zimmerweise vergeben wurden. Es wohnten immer zwei Personen in einem Zimmer. Ich teilte mir mit noch einer jungen Frau das Schlafzimmer. Sie rauchte wie ein Schlot. Im Wohnzimmer waren auch zwei andere Mädels. Die Küche und das Bad nutzten wir gemeinsam nach Absprache. Hin und wieder kochten wir uns etwas Leckeres. Ich hatte auch einen kleinen Freund und war oft nicht daheim. Wir fuhren sehr viel mit dem Motorrad ohne Sturzhelm und mit wehenden langen Haaren umher. Sie waren oftmals so verziept, daß ich fast eine Stunde benötigte, um alles wieder durchzukämmen. Als ich einmal unverhofft Wechselwäsche holen wollte, ertappte ich meine Zimmerinsassin in flagranti.

Kapitel 7:

Rosarote Brille

Wenn es nötig war, arbeitete ich auch an den Wochenenden, so brauchte ich nicht heimzufahren. Es war am 13. September 1970, ich wurde von einem sehr netten Kraftfahrer, dem Werner, zum Dienst abgeholt und hatte mich sofort verliebt. Er redete ununterbrochen und machte viel Quatsch, das fand ich erfrischend. Bereits nach vierzehn Tagen zog ich zu ihm bzw. seinen Eltern, weil ich dort ein angenehmes Zuhause vorfand. Ich war sehr willkommen, durfte mich frei bewegen bei den zukünftigen Schwiegereltern. Das tat unheimlich gut nach den vorgenannten durchgestandenen Wochen. Wir wollten aber sehr gern unsere eigenen vier Wände haben. Es ergab sich, daß die Schwester von meinem Freund eine 2-Zimmer-Wohnung hatte, aber wegzog, weil sie in Gräfenhainichen einen Freund hatte. Ich zog als Untermieterin in diese Wohnung ein und blieb drinnen. Wir bekamen eine Strafe und eine Frist von vier Wochen gestellt. Weil unverheiratet, durften wir keine Wohnung bewohnen. Uns blieb nur ein Ausweg, um die Wohnung zu behalten. Heiraten!

Ich hatte aber immer noch meine Immatrikulation in der Tasche!

Mein Freund Werner sagte damals zu mir: „Schau, ich habe auch nur den 8-Klassen-Abschluß und zeige dir die Welt! Warum willst du studieren? Laß uns lieber heiraten!“ Und ich hatte meine dickste rosarote Brille auf und ließ mir von ihm meine Immatrikulation zerreißen.

Kapitel 8:

Traumhochzeit, die erste

Meine Eltern waren zufrieden und glücklich, nun doch noch einen Schwiegersohn zu bekommen. Mein Vater arrangierte alles Notwendige für eine prunkvolle Traumhochzeit. Im historischen holzgetäfelten Trauzimmer im Rathaus zu Wittenberg wurde ein halbes Jahr später am 21. März 1971 geheiratet. Dort war mein Vater selbst eine Zeitlang als Standesbeamter tätig gewesen. Anschließend haben wir im Café am Holzmarkt ganz groß gefeiert.

Ein Fotograf hielt alle Momente fest. Ich trug ein sehr kurzes rosafarbenes Kostüm und einen weißen Schleier. Am nächsten Tag flogen wir vom Flughafen Schönefeld für vier Tage mit einer IL18-Propellermaschine in die goldene Stadt Prag, unsere Hochzeitsreise.

Ich hatte das Gefühl, daß die Maschine beim Start auseinanderzufallen drohte. Ich weiß nur, daß alle Luftdüsen auf mich gerichtet waren, um wenigstens ein bißchen Frischluft zu bekommen. Wir saßen genau über einer Tragfläche. Verzweifelt rief ich die Stewardeß zu mir: „Schauen Sie mal aus meinem Fenster, seid wir gestartet sind, ist da unten alles schwarz geworden!“ Die Stewardeß antwortete mir sehr freundlich: „Das ist ganz normal, da brauchen Sie sich keine Sorgen zu machen! Fliegen Sie zum ersten Mal?“ Ich bejahte kurz und konnte die vier Tage nicht richtig genießen, weil ich bereits jetzt schon vor dem Rückflug zitterte. Das war nicht mein Ding! Solch Geholper in der Luft, schlimmer als Kopfsteinpflaster auf der Straße.

Wieder daheim, konnten wir nun legal in unserer Wohnung verbleiben und waren vorerst sehr glücklich.

Kapitel 9:

Katalytofen

Mein lieber Ehemann brauchte für den Winter ein paar Stiefel mit echtem Fell, die gab es damals nur in Polen. Wir planten eine Fahrt dorthin. Die Schwiegereltern besaßen einen Trabant 601, den konnten wir uns ausleihen für diese Fahrt. Es war Winter und wir hatten teilweise Temperaturen bis zu 20 Grad minus. Die Heizung des Autos war nicht toll. Wir hatten die Idee, zusätzlich mit einem Katalytofen zu heizen. Dieser Ofen funktionierte nach dem Prinzip eines Spirituskochers. An der Tankstelle kauften wir das Katalyt und füllten es in den Tank des Ofens. Es schaute aus wie ein gewölbtes Sieb, das angezündet wurde und glühte, dann wurde als Schutz ein Metallgitter darüber gestülpt. Mollige Wärme strömte aus. Solche Öfen benutzte man beim Camping oder in der Gartenlaube. Es handelte sich um eine Strecke vom Spreewald bis nach Bytom, das waren über 800 Kilometer auf der E 1 zu fahren. Unser Autotank faßte nur 23 Liter und damit schafften wir nur ein paar Kilometer. Also wurden zusätzlich einige 20-Liter-Kanister mit Benzin in den Kofferraum gepackt, damit wir fast bis zu unserem Ziel kamen. Auf der E 1 gab es kaum Tankstellen, erst später in der Stadt war Tanken möglich. An eine Tankstelle erinnere ich mich. Mit der Gießkanne wurde Öl beim Tanken dazwischen gemischt. Außerdem sahen wir unterwegs in den an der Straße liegenden Dörfern teilweise vergitterte Fenster. Das waren meistens Gasthäuser. Hin und wieder begegneten uns Fußgänger oder Ochsengespanne. Es war ein anderer, für uns ungewohnter Anblick.

Kapitel 10:

Schwarzmarkt

Unseren gemeinsamen Urlaub im Jahre 1972 haben wir in Bytom bei Gliwice, eine größere Stadt in Polen, verlebt. Die Städte lagen aneinandergereiht und es war keine Stadtgrenze zu erkennen, ähnlich wie im Ruhrpott in Deutschland. Die Straßenbahnen fuhren von einer Stadt zur nächsten. Für mich damals überwältigend! Dort wohnte die Schwester meiner Schwiegermutter mit ihrer Familie in einer riesigen Wohnung mitten in der Stadt in einem Mehrfamilienhaus. Der Vater arbeitete im Bergbau unter Tage. Die beiden Söhne waren fast mit der Schule fertig. Wir wohnten in einem der Kinderzimmer. An das Essen kann ich mich noch sehr gut erinnern. Jeden Tag gab es ein 13-Gänge-Menü. Jeder zweite Gang ist irgendwie immer anders mit Kohl zubereitet. Die Gastfreundschaft wurde sehr großgeschrieben. Dazu muß man wissen, daß fast jede Familie Krautfässer in allen Varianten im Keller hat. Im Herbst, wenn der Kohl geerntet wird, bringt ein Lastkraftwagen eine riesige Ladung Weißkohl. Alle Familienmitglieder und Freunde helfen mit. Es wird eine riesige wie Brotschneidemaschine im Hausflur aufgestellt. Jeder Kohlkopf wird sofort in viele Streifen zerschnitten. Diese Streifen werden in die bereitstehenden Fässer in den Keller getragen und mit Salz und Essig vermischt. Eines Nachmittags gingen wir zum Schwarzmarkt. Auf einem großen freien Platz hatten die Leute ihre Sachen zum Verkauf auf dem Straßenpflaster ausgebreitet. Ein Mann fiel mir besonders auf. Er lief umher und streifte uns beim Vorbeilaufen. Als wir in derselben Höhe waren wie er, schaute er uns prüfend in die Augen und riß im nächsten Augenblick mit seinen beiden Händen den Mantel auf. Unzählige Uhren hingen an der Innenseite seines Mantels. Dasselbe Prinzip habe ich mit kleinen Hundewelpen gesehen. Was einmalig in meinem Kopf hängengeblieben ist, waren ein paar Babyschuhe. Die waren mit weißer Zahnpasta bestrichen, inzwischen getrocknet und wurden zum Verkauf angeboten.

Kapitel 11:

Betriebsferienlager

Einmal im Jahr, meistens in den Sommerferien, wurden junge Leute für Betreuungsaufgaben im Ferienlager gesucht. Da ich selbst noch keine Kinder hatte, erklärte auch ich mich bereit, für drei Wochen mit ins Ferienlager zu fahren. Zuvor war eine Gruppenleiterausbildung nötig. Diese Ausbildung schloß alle Eventualitäten, die beim Umgang mit Kindern auftreten können, und eine Erste-Hilfe-Ausbildung mit ein. Dann fuhren wir zum herrlichen Schwielochsee. Dort bekam ich eine Mädchengruppe im Alter von zehn Jahren, die ich zu betreuen hatte. Mit Kindern zu arbeiten, bereitete mir riesigen Spaß! Die Mädels waren alle sehr selbständig und liebten mich auch. Wir erfüllten jeden Tag unser vorgegebenes Tagespensum, und wenn es ans Schlafengehen ging, waren alle so abgekämpft, daß sie nach einem zärtlichen Gutenachtküßchen auf die Wange sofort einschliefen. Solch einen Einsatz wiederholte ich noch etliche Male, bis ich selbst mein Wunschkind hatte.

Kapitel 12:

Wunschkind Nr. 1

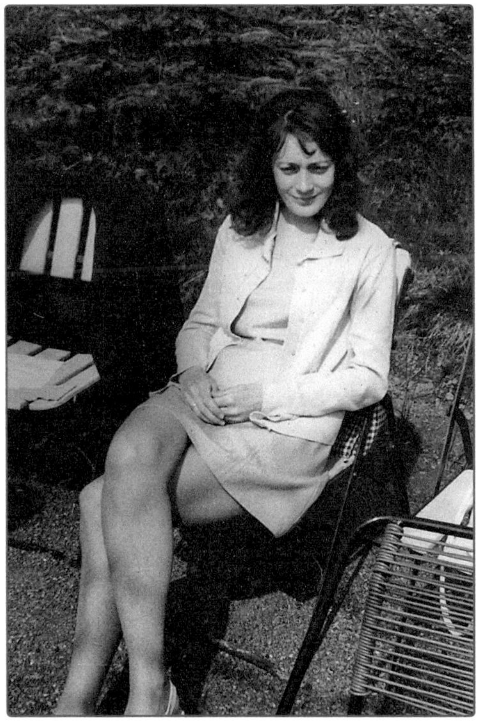

Zu unserem Glück fehlte nur noch ein Kind. Ein Mädchen sollte es unbedingt sein! Das war aber nur mein Wunsch und der von Oma und Opa. Der Papa wollte nicht unbedingt mit einem Kind gebunden sein. Dazu lebte er viel zu sehr seine Freiheiten. Wir waren sehr viel unterwegs, fast an jedem Wochenende.

Im Jahr 1972 hatte ich bereits eine Fehlgeburt – das wäre mein kleiner Sohn gewesen. Ich hatte bei einem Betriebsausflug an einem Kahn mit angefasst, um diesen zum Wasser zu transportieren, und das war in der Situation viel zu schwer für mich gewesen. Danach wurde ich ein Jahr später erneut schwanger und mußte nun sehr aufpassen. Das hieß für mich, nichts Schweres tragen beim Einkaufen und auch sonst nicht.

Von meiner Dienststelle hatte ich als Auszeichnung das Mandat erhalten, im Sommer an den Weltfestspielen in Berlin teilzunehmen. Auch das habe ich nicht realisieren können.

Im Monat November, plötzlich um Mitternacht lag ich in meinem Bett im Nassen. Das Buch „Unser Kind", welches ich immer auf meinem Nachtschrank zum Nachlesen liegen hatte, beschrieb das als Fruchtwasserabgang! Telefon gab es keines! Mein Göttergatte zog sich an und lief los zur Poliklinik. Nach geraumer Zeit kam er mit der Mitteilung zurück, daß der Krankenwagen unterwegs sei. In Lübbenau gab es damals kein Krankenhaus. Als der Krankenwagen da war, hatte ich schon Mühe, dort reinzuklettern. Los ging die zwanzig Kilometer dauernde Fahrt über Kopfsteinpflaster bis zur Frauenklinik nach Altdöbern. Der Fahrer fuhr schon sachte, dennoch merkte ich jeden Stein des Kopfsteinpflasters. Ich dachte, die Fahrt geht nie zu Ende. Gegen zwei Uhr nachts waren wir dann in der Klinik. Ich wurde sogleich in den Kreißsaal gebracht und lag dort noch mehrere Stunden. Am nächsten Vormittag, Viertel vor zehn erblickte dann unser Wunschkind – ein Mädchen – meine Susanne – das Licht der Welt. Wir waren acht Tage im Krankenhaus und durften dann beide nach Hause. Vorsorglich hatte ich aus weißer weicher Westwolle eine kleine Strickjacke, Mützchen, Handschuhe und Schuhchen gestrickt, damit sie trotz Federkopfkissen noch schön warm eingepackt war. Papa hatte auch einen kleinen orangefarbenen Saporoje (auch T 34 genannt, weil er einen Höllenlärm machte beim Fahren) – unser erstes Auto – erstanden und holte uns stolz damit nach Hause. Er gab auch das erste Fläschchen.

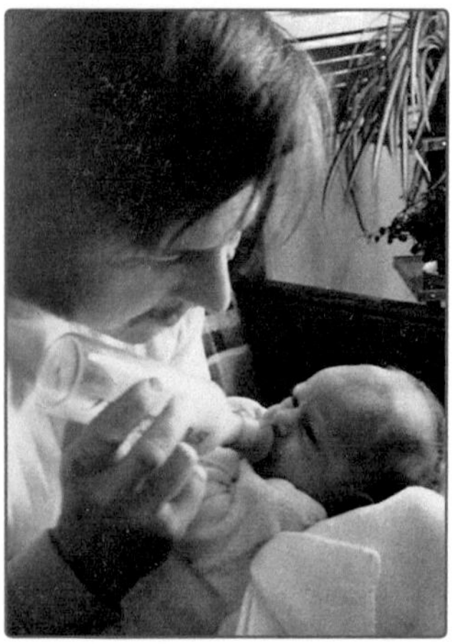

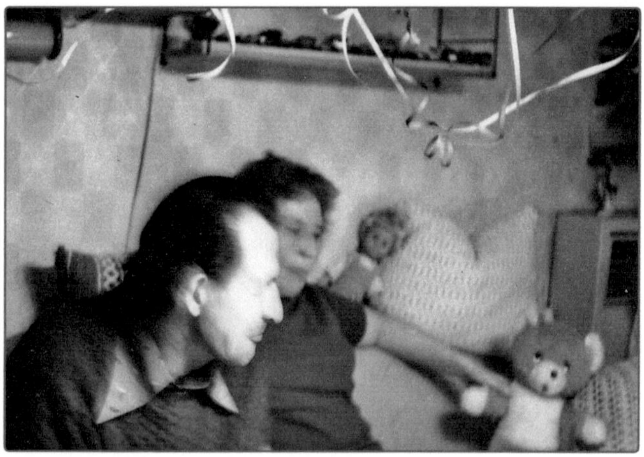

Meine Schwiegereltern waren überglücklich, die erste Enkelin.
Susanne hatte den Himmel auf Erden! Sie wurde mit Bananen und Westpaketen verwöhnt. Jeden Tag stand die Schwiegermutter vor der Tür und brachte etwas anderes.

Kapitel 13:

Nationale Front

Die Nationale Front, eine Organisation zu DDR-Zeiten, hatte anläßlich des Republikgeburtstages dazu aufgerufen, etwas aus unserem Leben aufzuschreiben. Da ich sehr gern schrieb, schickte ich im November 1973 folgende Zeilen an den Kreisausschuß der Nationalen Front in Calau:

„Im nächsten Jahr wird unser Staat fünfundzwanzig Jahre alt und ich bin stolz, gemeinsam mit ihm dieses Jubiläum begehen zu können. Meine Kindheit verlief glücklich und zufrieden und alle Möglichkeiten, einen guten Beruf zu erlernen, standen mir offen. Nun galt es, die gebotenen Chancen zu nutzen. Zunächst schloß ich die zehnjährige allgemeinbildende Polytechnische Oberschule ab und begann anschließend mit der Berufsausbildung als Industriekaufmann. Meine Lehre absolvierte ich in einem kleineren Betrieb und hatte somit die Möglichkeit, einen größeren Überblick über das gesamte Betriebsschema zu erwerben. Jetzt bin ich im Kraftwerk Lübbenau-Vetschau als Investitionsbuchhalterin tätig und bin zufrieden über das bisher Erreichte."

Kapitel 14:

Biosphärenreservat, Paddeltouren

Eine unserer Lieblingsbeschäftigungen im Sommerhalbjahr waren die Paddeltouren durch den Spreewald. Aber auch im Winterhalbjahr wanderten wir sehr viel auf den Wegen bis nach Lehde oder Burg umher. Für sieben Jahre war der Spreewald unsere Wahlheimat. Susanne, die echte Spreewälderin, erlebte ihre ersten fünf Jahre dort. Wir spazierten oft Richtung Kahnfährhafen in Lübbenau. Die vielen Tagestouristen stiegen dort in die großen Kähne, die dann von den meist sehr lustigen Kahnfährleuten durch den Spreewald gestakt wurden. Wir zogen es vor, ein Stück weiter zu laufen.

Bis zum Bootshaus Kaupen. Dort konnten wir verschieden große Plaste- oder Holz-Paddelboote, wie Einer, Zweier oder auch Dreier ausleihen. Wir mußten nur rechtzeitig am Morgen dort sein. Das Bootshaus stand neben einem echten Spreewaldwohnhaus, ein dunkles Holzhaus, mit Anlegestellen rechts und links. Die Boote wurden im Wasser aus dem Haus herausgeschoben, dann stellten wir uns unsere Sitzpositionen ein, verstauten unsere Sachen und stiegen vorsichtig ein. Beweglicher war ich mit einem Einer. Da saß Susanne dann immer zwischen meinen Füßen, konnte die grüne Landschaft genießen und ganz sachte ihre kleinen Finger durch das Wasser gleiten lassen. Meine Eltern lebten damals auch im Spreewald und waren jedesmal sehr skeptisch, wenn ich mit Klein Susanne auf Paddeltour ging. Aber da war sie artig, weinte nicht, hatte sehr viel zum Schauen, und wir waren an der so gesunden Luft. Wir genossen das Biosphärenreservat Spreewald ausgiebig. An den Ufern standen viele kleine Häuser mit sehr vielen wunderschönen Blumen und seltenen Pflanzen. Viele Schmetterlinge und Libellenarten haben wir dort kennengelernt, auch Hunderassen.

Ja, wir haben uns dort auch einen kleinen weißen Spitz für fünf Mark Schwanzgeld geholt. Manche Wasserwege, die wir durchpaddelten, sahen aus wie im tiefsten Dschungel.

Unterwegs Richtung „Café Venedig" oder „Wotschofska", legten wir mit unserem Paddelboot an und machten Picknick in der puren Natur. Als Susanne dann größer war, wagten wir dann auch schon mal eine Schleusendurchfahrt. Da mußte ich aus dem Boot aussteigen und selbst die Schleusentore schließen und öffnen. Immer wieder gab es neue Abenteuer, die wir dort erlebt haben. An den Wochenenden waren wir von neun Uhr morgens an unterwegs. Die vielen Wasserwege im Spreewald ließen uns auch schon manchmal umherirren, so daß die ausgemachte Rückkehrzeit sehr schwer einzuhalten war. Das Ergebnis war, gut erholt zu sein, aber unzählige Blasen an den Händen vom Paddeln zu haben. Die konnten bis zur nächsten Paddeltour am Wochenende wieder abheilen.

Kapitel 15:

Rosenmontag

Anfang April 1970 hatte ich meine Tätigkeit im VEB Kraftwerke Lübbenau-Vetschau in der Abteilung Planung aufgenommen.

Überwiegend hatte ich Schreibarbeiten zu erledigen, was mir nicht gefiel. Deshalb wurde ich auf meinem Wunsch hin Anfang Mai 1971 in die Abteilung Grundmittelrechnung umgesetzt. Dort bekam ich das Sachgebiet einer Investitionsbuchhalterin. Wir waren drei Investitionsbuchhalterinnen in der Abteilung. Diese Aufgabe beinhaltete die zeit-, mengen- und wertmäßige Erfassung und Nachweisung der Kosten für die Vorbereitung und Durchführung der diesem Sachgebiet zugeordneten Investitionsmaßnahmen nach Monaten und Jahren. Dieser Tätigkeit oblag gleichzeitig die Plankontrolle der Teilobjekte nach den Positionen Bau, Ausrüstungen und Sonstiges. Voraussetzung einer guten Aufgabenerfüllung war die enge Zusammenarbeit mit den Fachabteilungen Investitionen, Material- und Lagerwirtschaft. Schriftwechsel war selbst zu führen, wobei schwierigere Schreibvorgänge nach Diktat aufzunehmen waren. Wir hatten auch eine phantastische Gruppenleiterin, mit der man Pferde stehlen konnte, und einen sehr strengen Abteilungsleiter. Ich erinnere mich an die Monatsabschlüsse. Unsere Obligokarteikarten mußten auf Heller und Pfennig stimmen. War das einmal nicht so, wurden die Fehler, meistens Zahlendreher, bis in die Abendstunden hinein gesucht. Meistens hatte ich dann Klein Susanne von der Kindereinrichtung abgeholt und meine Schwiegermutter gebeten, auf sie aufzupassen. Die tat das sehr gern und alles lief reibungslos. Die Schwiegermutter

stand ohnehin fast jeden Abend bei mir vor der Tür mit irgendwelchen Wünschen. Sei es Haare färben oder etwas nähen oder einfach nur Bananen aus dem Westpaket, oder vieles andere mehr für Klein Susanne oder mehr gekochtes Abendessen für ihren Sohn bringen. Jeden Sonntag, das war Pflichtprogramm, mußten wir zum Kaffeetrinken zur Schwiegermutter. Es gab auch noch eine Schwägerin. Hin und wieder stand auch sie in der Tür, mit einer Flasche Eselsmilch, die sie mit mir trinken wollte. Einziges Problem: wir hatten nicht unbedingt eine Wellenlänge.

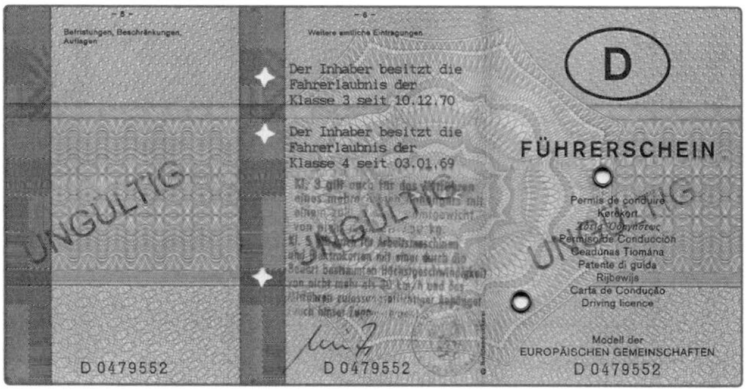

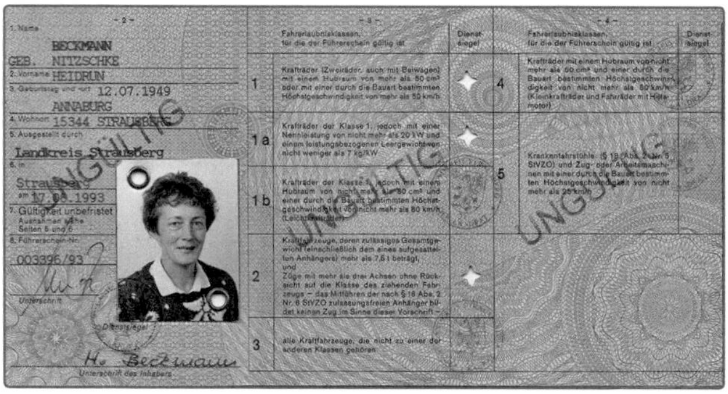

Wir hatten auch immer ein Auto zur Verfügung. Dadurch war vieles leichter, und ich habe die verschiedensten Typen wie Trabant, Wartburg, Renault, VW Käfer, Skoda Oktavia und Opel fahren gelernt. Denn ich war zusammen mit meinem Schwiegervater in der Fahrschule gewesen und habe den Auto-Führerschein nach dem zweiten Anlauf bestanden.

Die Mopedprüfung hatte ich bereits ein Jahr vorher bei der Gesellschaft für Sport und Technik abgelegt.

Es war wieder einmal Karnevalszeit. Ich nahm mir ein Hütchen mit zur Arbeit. Als ich dann an meinem Schreibtisch vor meiner Obligokartei saß, setzte ich diesen auf und arbeitete weiter. Der Chef betrat unser Büro, sah mich so sitzen und bestellte mich sofort zu einem Vieraugengespräch in sein Büro ein. „Was haben Sie sich dabei gedacht? Sie bekommen von mir ein Disziplinarverfahren, weil sie westliche Machenschaften damit unterstützen. So geht das nicht!" warf er mir an den Kopf.

Das Ende vom Lied war: Ich bewarb mich um einen Arbeitsplatz im zukünftigen Neubaukraftwerk Jänschwalde.

Kapitel 16:

Austrittserklärung, Freie Deutsche Jugend

Meine Ehe war kaputtgegangen, obwohl ich sehr darum gekämpft hatte, diese zu erhalten. Susanne war eineinhalb Jahre alt.

Obwohl wir kurz zuvor noch ihre sozialistische Namensgebung von unserem Betrieb aus gefeiert haben.

Gründe hierfür gab es viele, wie meine vielen Ausfälle durch Krankheit des Kindes oder ich selbst, mein Göttergatte liebte das Reisen am Wochenende nach wie vor. Mit Kind ging das nicht immer. Er war auch kein Kind von Traurigkeit und sah sich nach anderen Gespielinnen um. Bis meine Eltern ihn eines Nachts in flagranti in seinem Dienstwagen erwischt haben. Am nächsten Morgen reichte ich sofort die Scheidung ein. Es ging alles sehr schnell. Innerhalb eines Monats waren wir in einer viertelstündigen Verhandlung im Jahr 1975 wieder geschieden. Es folgte ein Kuraufenthalt an der Ostsee, damit ich wieder zu mir fand. Lieber ein Ende mit Schrecken, dachte ich mir! Ich war jung und dynamisch und wollte auf keinen Fall seine Theorie weiter leben: „Es lebt sich auch

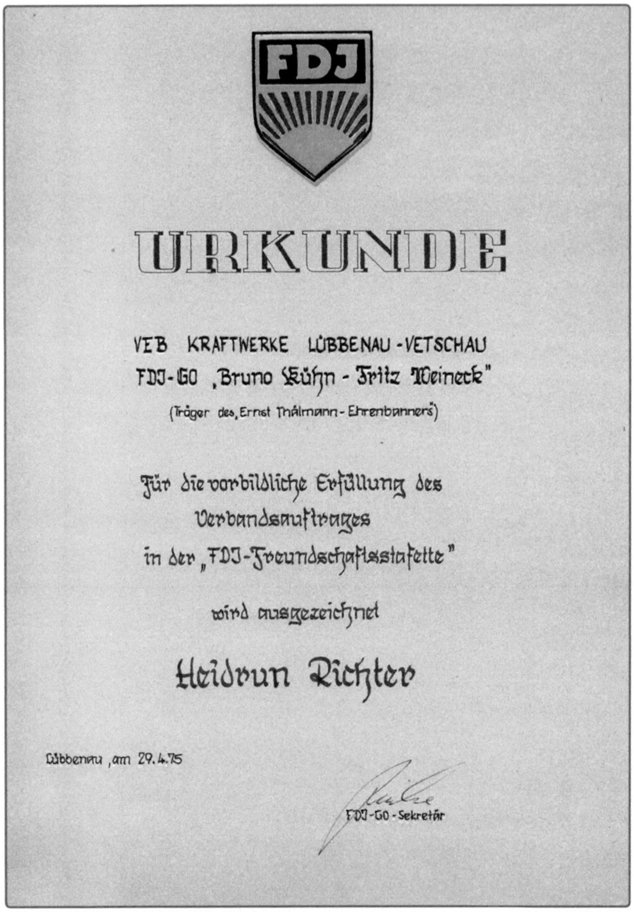
FDJ

URKUNDE

VEB KRAFTWERKE LÜBBENAU-VETSCHAU
FDJ-GO „Bruno Kühn - Fritz Weineck"
(Träger des „Ernst Thälmann-Ehrenbanners")

Für die vorbildliche Erfüllung des Verbandsauftrages in der „FDJ-Freundschaftsstafette" wird ausgezeichnet

Heidrun Richter

Lübbenau, am 29.4.75

FDJ-GO-Sekretär

mit zwei Frauen ganz gut. Ich möchte euch beide behalten", wie er mir sagte. Viele Verpflichtungen, die einzuhalten waren, schaffte ich nicht mehr. Ich wurde auch bekniet, unbedingt als FDJ-Sekretär zu fungieren. Das war mir dann in meiner Situation alles ein bißchen zuviel. Deshalb beantragte ich als FDJ-Mitglied der Grundorganisation Bruno Kühn/Fritz Weineck meinen Austritt aus der FDJ-Grundorganisation mit folgender Begründung:

„Da ich alleinstehend bin und ein Kleinkind habe, ist es mir selten möglich, an dem FDJ-Studienjahr außerhalb der Arbeitszeit teilzunehmen, dazu kommen noch zusätzliche häusliche Verpflichtungen, die ich allein bewältigen muß. Auch habe ich bereits die Altersgrenze von fünfundzwanzig Jahren überschritten. Ich habe meine Bereitschaft erklärt, für die nächste Wahlperiode die Funktion des Gewerkschaftsvertrauensmannes in der Brigade zu übernehmen." Weil ohne Funktion, das ging gar nicht, jeder mußte seine Bereitschaft für irgend etwas erklären. Die Brigade verteidigte auch in jedem Jahr ihren Titel „Kollektiv der sozialistischen Arbeit". Da mußte Brigadebuch geführt werden, wöchentlich eine Wandzeitung gestaltet und so manches für das gesamte Kollektiv arrangiert werden.

Eine der wichtigsten Voraussetzungen für die alljährliche Titelverteidigung war, daß alle Brigademitglieder in sämtlichen Organisationen wie Freie Deutsche Jugend, Freien Deutschen Gewerkschaftsbund, Deutsch-sowjetische Freundschaft Mitglied waren und ihren Monatsbeitrag pünktlich entrichteten.

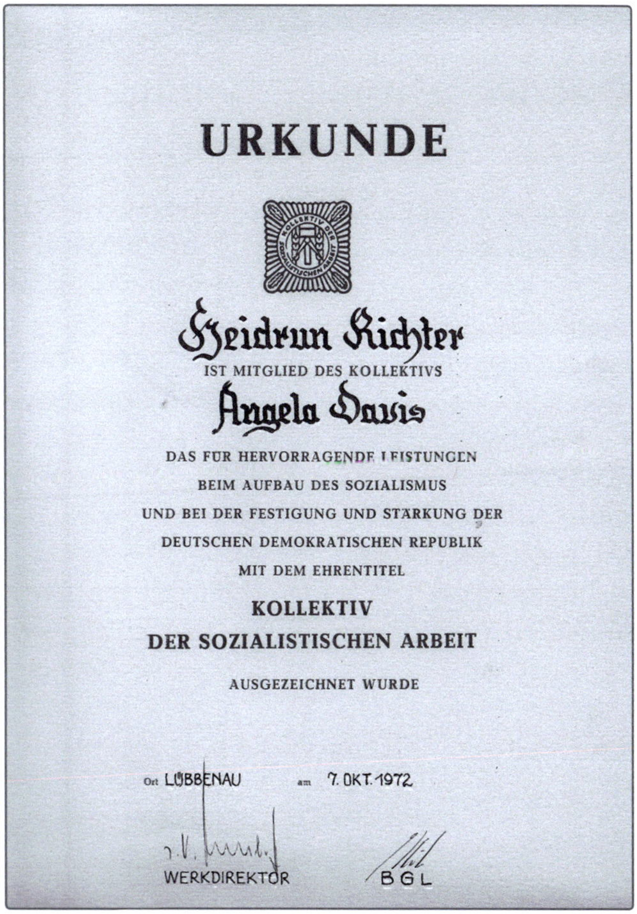

URKUNDE

Heidrun Richter

IST MITGLIED DES KOLLEKTIVS

Angela Davis

DAS FÜR HERVORRAGENDE LEISTUNGEN
BEIM AUFBAU DES SOZIALISMUS
UND BEI DER FESTIGUNG UND STÄRKUNG DER
DEUTSCHEN DEMOKRATISCHEN REPUBLIK
MIT DEM EHRENTITEL

KOLLEKTIV
DER SOZIALISTISCHEN ARBEIT

AUSGEZEICHNET WURDE

Ort LÜBBENAU am 7. OKT. 1972

WERKDIREKTOR BGL

Kapitel 17:

Oberwiesenthal, Erholungsurlaub

Mir war es gelungen, zu Susannes drittem Geburtstag einen Ferienplatz im Kurort Oberwiesenthal im Erzgebirge zu bekommen. Ausgelaugt und erschöpft, wie wir beide von den letzten Ereignissen waren, fuhren wir mit dem Zug dorthin und feierten einen wunderschönen dritten Geburtstag im tiefen Schnee. Jeden Morgen gab es ein tolles Frühstücksbüfett. Wir waren es bereits gewohnt, daß Susanne immer gelobt wurde, wie toll sie sich bei Tisch benahm und wie korrekt sie in ihrem Alter mit Messer und Gabel umgehen konnte. So auch hier! Ein Ehepaar war so hin- und hergerissen von meiner niedlichen Tochter, daß sie mich ansprachen, ob sie nicht meine Tochter adoptieren können! Sie boten mir damals 3000 Mark an. Sie waren ein kinderloses Ehepaar und meinten, ich sei noch jung genug, um weitere Kinder zu bekommen. Ich dachte so bei mir, nie im Leben würde ich mein Wunschkind hergeben, wenn es auch noch so schwer ist, alleinerziehend alles zu meistern.

Kapitel 18:

Neubaukraftwerk Jänschwalde

Als FDJ-Gruppe hatten wir Reisig beseitigt, damit die Baustelle erschlossen werden konnte. Im Oktober 1976 habe ich mich für das Kraftwerk Jänschwalde beworben. Da ich alleinstehend mit dreijähriger Tochter war, benötigte ich auch einen Kindergartenplatz. Daraufhin wurde im Januar 1977 auf der Grundlage der Vereinbarung zwischen dem VEB Kraftwerk Jänschwalde und dem VEB Kraftwerke Lübbenau-Vetschau zur Bereitstellung von Kadern und Arbeitskräften für das Neubaukraftwerk Jänschwalde eine, entsprechend den arbeitsrechtlichen Bestimmungen, dreiseitige Vereinbarung mit mir abgeschlossen. Im Februar des Jahres 1977 fing ich an, als Sachbearbeiterin in Jänschwalde zu arbeiten. Dazu war es nötig, nach Cottbus umzuziehen. Für zehn Monate bekam ich mit meiner kleinen Tochter eine Unterkunft in einer Wohngemeinschaft. Auch Zwischenbelegung genannt, wir bekamen zu zweit das größere Wohnzimmer.

Jeden Morgen fuhr vor dem Haus ein Mütterbus ab und ich konnte sie in den betriebseigenen Kindergarten mitnehmen. Das war nicht schlecht! Zu unserer Wohnung im Spreewald konnten wir nur am Wochenende fahren. Susanne spielte dann mit einer alten Kaffeebüchse und Eßlöffel im Sandkasten, das ging vorübergehend auch. Dann gewährte mir das Kraftwerk ein unverzinsliches Darlehen in Höhe von 1000 Mark zur materiellen Unterstützung bei der mit meinem Wohnungswechsel verbundenen Neugestaltung der Lebensbedingungen.

Ich war in eine Mietwohnung im Hochhaus in der siebenten Etage nach Cottbus gezogen. Mir wurde schwindelig, wenn ich vom Balkon herunterschaute.

Kapitel 19:

Bestenabzeichen in Silber

Meine Tätigkeit im Kraftwerk Jänschwalde wurde mit dem Bestenabzeichen in Silber ausgezeichnet. Die ausführliche Begründung dazu lautete: „Kollegin B. ist seit 1.2.1977 im VEB Kraftwerk Jänschwalde, Abteilung Investdurchführung tätig. In relativ kurzer Zeit hat sie sich als Sachbearbeiterin für Import und Preisprüfung in ihr neues Aufgabengebiet eingearbeitet. Sie verstand es, Kontakte zu den Partnern auf der Baustelle zu knüpfen, die ihr das Abarbeiten von planmäßigen wie operativen Aufgaben erleichtern. Aufgrund weiterer Präzisierungen der Struktur gemäß VVB-Anweisung 14/72 wurde Kollegin B. als Sachbearbeiterin des Komplexverantwortlichen eingesetzt. Sie wird hier neben Koordinierungsaufgaben vor allem als Bearbeiterin von Restarbeiten von übernommenen Anlagen wirksam. Die sich in Richtung Inbetriebnahme des Blockes 1 verstärkte Kompliziertheit ihres Aufgabengebietes rechtfertigt ihren Antrag auf ein Studium, um die finanztechnischen Zusammenhänge bei Restleistungsabnahmen zu erkennen und für den volkseigenen Betrieb zu lösen. Kollegin B. ist stets höflich, ausgeglichen und kameradschaftlich und wird im Kollektiv geachtet.“

URKUNDE

Für hervorragende Leistungen
in der Bestenbewegung
wird

Heidrun Beckmann

das Bestenabzeichen des VEB Kraftwerk Jänschwalde in

SILBER

verliehen.

PEITZ, den 07.03.1979

AGL

staatlicher Leiter

Kapitel 20:

Hochzeit, die zweite

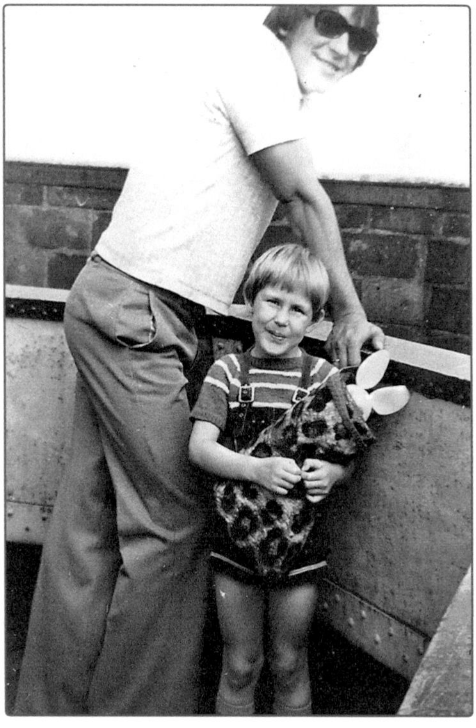

Alle unsere Arbeitskollegen haben mich gewarnt: „Du, wie aus dem Ei gepellt, willst dich mit dem Fritz einlassen? Überlege dir das noch mal richtig."

Fritz war mein Chef und galt als Alkoholiker. Wir hatten uns zusammengefunden. Ich erklärte allen und jedem immer wieder: „Echte Liebe kann alles schaffen, auch das Problemchen!" Junge Leute wollen ja die Welt umkrempeln und machen alles viel, viel besser! Ergo – wir heirateten 1978! Und wieder einmal im schönen Monat März im Haus der Bauarbeiter in Cottbus. Nur wir zwei. Fast kamen wir zu spät zu unserer eigenen Trauung. Ein Regentag! Susanne hatte mir auch schon wochenlang in den Ohren gelegen, warum wir keinen Papa haben.

Nun war sie überglücklich und wurde jeden Sonntag mit zum Sportplatz genommen, um beim Fußball zuzuschauen. Fritz spielte aktiv in einer Mannschaft mit.

Kapitel 21:

Frauensonderstudium

Im Januar 1978 erhielt ich auf meine vorausgegangene Studienbewerbung zum Fernstudium, nach eingehender Prüfung durch die Kommission für wissenschaftlich-ökonomischen Nachwuchs des VEB Kraftwerk Jänschwalde, die Delegierung zum Fernstudium/Frauensonderstudium an der Ingenieurschule in Rodewisch im Vogtland, Außenstelle Textilkombinat Cottbus in der Fachrichtung Ingenieurökonomie für das Studienjahr 1978/79. Am 1. September 1978 um 14 Uhr fand im Kulturhaus der Textilarbeiter, in Cottbus in der Schmellwitzer Straße, die Immatrikulationsfeier statt. Für alle Kolleginnen, die am Fachschulvorbereitungslehrgang teilgenommen hatten, auch für mich, erfolgte die Übergabe der Zeugnisse.

Kapitel 22:

Zweites Arbeitsverhältnis

Neben meiner täglichen Arbeit im Kraftwerk Jänschwalde hatte ich mich in der Hotel- und Gaststättendirektion in Cottbus als Kellnerin beworben. Dazu benötigte ich keine weitere Ausbildung.

Eingesetzt wurde ich in der Mocca-Eisbar/Bowlingbahn als Servicekraft. Dort steuerte ich durch Ansagen über Lautsprecher die Spieleröffnung bzw. das Spielende an den einzelnen Bowlingbahnen, gab Spezialschuhe aus, nahm Termine entgegen oder kellnerte an den Bahnen. Fritz, mein Ehemann, wurde an Discoabenden als Türsteher und Rausschmeißer eingesetzt. Wir benötigten unbedingt den Zuverdienst, weil er eine Regreßsache am Bein hatte, wo wir 12.000 Mark zahlen mußten. Er hatte, wo wir uns noch nicht kannten, bei Energie Cottbus Fußball gespielt, etwas über den Durst getrunken und war in eine Schlägerei geraten, wo er einen älteren Herrn am Fuß verletzt hatte, der gegen ihn geklagt hatte. Da er damals keine Versicherung abgeschlossen hatte, wurde er in die Pflicht genommen. Außerdem wurde für seine beiden Kinder aus erster Ehe ein monatlicher Unterhalt von 600 Mark fällig. Kein so leichtes finanzielles Unterfangen für uns alle!

Kapitel 23:

Berlin, Wahlheimat

Wegen der vielen Vertragsverhandlungen – mit den 500-Megawatt-Turbinen für das Kraftwerk Jänschwalde – mußte Fritz sehr oft dienstlich nach Moskau fliegen. Wir beide, Susanne und ich, fuhren dann oft mit nach Berlin, um ihn am Flughafen Schönefeld zu verabschieden oder zu empfangen. Dadurch haben wir die Hauptstadt Berlin mit all ihrer Schönheit und ihren Macken kennen- und liebengelernt.

Teil III

Kapitel 1:

Umzug in die Hauptstadt

Am 7. April 1979 zogen wir nach Berlin. Sehr zentral gelegen! Zwanzig Meter bis zur Schönhauser Allee, gegenüber vom Anzeigen Hellmann. Wenn ich einkaufen ging, hatte ich alle Geschäfte vor der Nase, einfach traumhaft. Vor allem im Winter bei Schnee und Eis hatte ich in einer Viertelstunde meine sämtlichen Wege erledigt. Eine Besonderheit gab es außerdem noch, den Magistratsschirm. Inmitten der Schönhauser Allee war die U-Bahn oberirdisch gebaut worden. Darunter konnte ich fast zwei U-Bahn-Haltestellen immer unter einem Dach spazierengehen. Besonders angenehm bei Regenwetter.

Wir bezogen eine 2-Zimmer-Hinterhofwohnung mit Küche und Toilette in der zweiten Etage im Prenzlauer Berg. Wobei die Toilette ein langer Schlauchraum und bereits in der Wohnung war. Es gab auch noch Toiletten im Treppenhaus, eine halbe Treppe tiefer. Hinten am Fenster paßte soeben eine von uns gebraucht gekaufte Duschtasse hin. Als wir dann duschten, bemerkten wir einen Haarriß. Ein Kuchenblech wurde umfunktioniert und bei jedem Duschgang untergestellt. Es war auch immer randvoll und mußte vorsichtig balancierend ausgeschüttet werden. Die Decke im Flur war wegen der extremen Zimmerhöhe in den Altbauten abgesenkt. Öffneten wir die Luke, sahen wir nur Kabelgewirr herumhängen. Wir besaßen zwei Öfen, einen großen grünen Kachelofen im Kinderzimmer, den mußte ich immer selbst räumen. Also wurden beide runden Kacheln oben und unten vorsichtig mit dem Messer abgelöst, mit einem Handfeger die Asche herausgekehrt. Anschließend wurde etwas Lehm, den ich mir von der Straße von irgendeinem Häufchen, wo gebaut wurde, geholt habe, vorsichtig an die Ränder der runden Kacheln gestrichen und wieder verschlossen. Im Winter wurden im Flur Briketts gestapelt, weil unser Keller viel zu klein und sehr gewöhnungsbedürftig war. Er reichte längst nicht für die Briketts, die wir für einen Winter brauchten. Ergo mußten wir im Winter, wenn wir nicht frieren wollten, hin und wieder einen Sack Briketts mit dem Schlitten vom Kohlenhändler holen.

Eines Morgens, wir wollten zum Dienst, schwappte unser Toilettendeckel immer auf und zu, und es ergoß sich jedesmal etwas Wasser mit einigen kleinen braunen Teilchen auf unserem Fußboden. Ein anderer Mieter hatte aus Versehen einen Scheuerlappen mit dem Wischwasser in seine Toilette ausgegossen. Ein Installateur kam mit einer Spindel. Da die Rohrleitungen schon sehr alt waren, half nur, neue Rohre einziehen.

Da die Bauarbeiten über eine Woche dauerten, mußten wir für die Zeit im Restaurant an der Ecke die Toilette benutzen.

Kapitel 2:

Zillemilieu

Vor einem halben Jahr waren wir nach Berlin gezogen. Sodom und Gomorrha habe ich hier kennengelernt. Wir bewohnten zwar die zweite Etage aber dennoch konnten wir in der gegenüberliegenden Wohnung vieles ungewollt mitverfolgen. Dort wohnte eine junge Frau mit ihrer schulpflichtigen Tochter. Viele Freier gingen dort ein und aus. Eines Nachts gegen zwei Uhr hielt sich eine andere junge Frau im Hinterhof nebenan an der Teppichstange fest und schrie um Hilfe: „Ich will nicht mehr, ich will nicht mehr, der will schon wieder!“ Hinterhöfe sind akustisch die beste Geräuschkulisse überhaupt! Mindestens einmal in der Woche wurden in unserem Vorderhaus aus der obersten Etage die gerade leer getrunkenen Flaschen aus dem Fenster geworfen, und es klirrte jedesmal laut, wenn sie am Boden zerschellten.

Wollte ich die Polizei holen, so kam die gar nicht erst. Deshalb versuchte ich, nach 20 Uhr abends auch nicht mehr aus dem Haus zu gehen, weil keine Hilfe zu erwarten war. Über uns wohnte ein Ehepaar, beide weiblichen Geschlechts. Unten im Vorderhaus war ein Zooladen. Früher in den zwanziger Jahren soll das ein Lebensmittelgeschäft gewesen sein. Dort lebte noch ein älterer Herr, der manchmal sehr redselig war und viele Geschichten von früher erzählte. Er beschäftigte sich viel mit Yoga. Meine Tochter Susanne war fünf Jahre alt und besuchte den Kindergarten zwei Straßen weiter. Jeden Morgen auf dem Weg zum Kindergarten kamen wir an einem Bäckerladen vorbei, wo es immer lecker nach frischen Brötchen roch.

Meine Lieblingsomi war nun auch öfter einmal zu Besuch, darüber war ich sehr erfreut. Denn schließlich konnte ich ihr nun etwas zurückgeben, was sie mir als Kind Gutes getan hat! Sie war nie im Urlaub gewesen. Die Frau war ein Arbeitstier und hackte vom Hellwerden bis zum Einbruch der Dunkelheit im Akkord ihre unzähligen Morgen Rüben. Dafür war sie auch als „Dorfbeste“ ausgezeichnet worden. Ich schätzte sie sehr und war auch ganz stolz auf sie. Meine Susanne war immer garstig zu ihr, indem sie die Toilette blockierte und sie einfach nicht draufließ. Sie ekelte sich vor ihren abgemergelten sonnenverbrannten Händen. Dann kam meine Lieblingsomi ganz verzweifelt zu mir und sagte: „Heidi, ich kann aber nun nicht länger anhalten, was soll ich denn nun machen?“ Ja, Kinder haben im Kindesalter ihren eigenen Trotzkopf und verletzen mit ihrem starren Eigensinn die älteren Erwachsenen manchmal ungeheuerlich! Es ist nur gut, daß alle einmal älter werden und diese bittere Erfahrung dann selbst an eigener Haut machen müssen.

In Berlin habe ich ihr sehr viel gezeigt und bin mit ihr viel umhergefahren. So das damals neu gebaute Palasthotel, welches von der Firma, wo ich ein Jahr gearbeitet habe, gebaut worden ist.
Heute ist es das Radisson-Plaza-Hotel, gegenüber vom Dom auf der anderen Spreeseite.

Kapitel 3:

Mein dreißigster Geburtstag

Auf der Schönhauser Allee auf der Magistrale zwischen den U-Bahn-Haltestellen Dimitroffstraße und Schönhauser Allee am Friedrich-Ludwig-Jahn-Sportpark befand sich ein hübsches Restaurant. In diesem Stadion waren wir auch sehr oft, entweder zum Fußballspielen oder bei offiziellen Leichtathletik-Wettkämpfen.

Wir konnten uns keine so teuren Gaststättenbesuche leisten, aber zu meinem dreißigsten Geburtstag war das eine Ausnahme! Ich habe also meinen Haushaltstag genommen und mittags gingen wir in besagtes Restaurant essen. Wunderbar flambiert haben wir gespeist. Es war Klasse! Ich war für einen Augenblick in einer anderen Welt!

Kapitel 4:

Siebenjähriges Studium

Warum sieben Jahre studieren? Es war inzwischen mein dritter Anlauf zum Studieren! Ein Fachschulstudium dauerte damals auch nur fünf Jahre. Ich hatte eine Anstellung als Sekretärin in der Länderabteilung bei der Außenhandelsfirma Limex GmbH in Berlin bekommen.

Dort wurde ich zum ersten Mal mit einem Großraumbüro nach amerikanischem Muster konfrontiert. Circa zwanzig Leutchen saßen auf engstem Raum an ihren Schreibtischen, nur durch einen engen Gang von ungefähr fünfzig Zentimeter getrennt, und erledigten ihre unterschiedlichsten Arbeiten. So kochte eine Kollegin jeden Morgen pünktlich ihr Täßchen Kaffee am Schreibtisch. Ein anderer las Zeitung. Noch ein anderer telefonierte mit Jugoslawien. Unsere Chefsekretärin hämmerte wie kaputt auf einer Kugelkopfmaschine herum. Diese stand unter einer Abdeckung, damit ihr Anschlag etwas gedämpft sein sollte. Es war alles neu für mich, aber auch Streß pur nach solch einem Arbeitstag. Dort reifte mein Traum! Einmal als Länderökonom für ein nichtsozialistisches Land zu arbeiten und den Plan der Marktarbeit zu erstellen, sowie das Land besser kennenzulernen, wie z.B. Sudan, Libyen etc. Das hieß nichts anderes, als den derzeitigen Markt in dem jeweiligen Land zu erforschen, ob wir mit unseren hergestellten Produkten eine Chance hatten, diese dort verkaufen zu können.

Hochinteressant, wie ich fand. Voraussetzung dafür war der Studienabschluß als Außenhandelsökonom. Die Immatrikulation für das Studium bekam ich kurz darauf.

Es knüpfte sich die Bedingung daran, in mindestens zwei Sprachen den Sprachkundigenprüfungsabschluß 1 A zu erlangen. Ich hatte Schul- und Berufsausbildungskenntnisse in Russisch und Englisch. Also legte ich vor dem Eintritt in das erste Semester meine täglich stattfindende, vierteljährlich dauernde Intensivausbildung im Fach Russisch ab. Hinzu kam, daß alle immatrikulierten Studenten die Mitteilung erhielten, daß sich der Beginn des Außenwirtschaftsstudiums um ein Jahr nach hinten verschiebt, weil beim Bau der Schule ein Baustopp eingetreten war. Auf der einen Seite war es gut, noch ein Jahr länger Vorbereitungszeit zu haben, auf der anderen Seite zählte die Zeit.

Kapitel 5:

Wunschkind Nr. 2

Susanne war gerade sechs Jahre alt geworden und sollte im darauffolgenden Jahr zur Schule kommen. Dann mußte ich sowieso zu Hause bleiben und meinem Kind bei diesem neuen, spannenden Lebensabschnitt zur Seite stehen. Einen besseren Zeitpunkt für ein zweites Baby gab es kaum! Was haben wir nicht alles versucht? Nur ein Tapetenwechsel machte es möglich. Wir verlebten einen Winterurlaub in Friedrichsbrunn. Als ich erfuhr, daß ich wieder schwanger war, hieß es, die nötigen Kleinigkeiten zu besorgen. Das war gar nicht so einfach. Zur Grundausstattung gehörten mindestens vierundzwanzig Mullwindeln, um über den Tag zu kommen, und Steppchen, das waren etwas dickere und kleinere weiche Baumwolltücher. Hochschwanger hatte ich ein Wäschegeschäft ausfindig gemacht, das einmal in der Woche Ware bekam, aber nur vier Stück pro Person verkauften! Also mußte ich sechs Wochen dahin laufen, um meine Sachen zusammen zu bekommen. Ich bekam meine zweite Tochter Christina und für mich ließ sich zeitlich alles besser organisieren. Ich nutzte das unbezahlte Freistellungsjahr, welches ich beim zweiten Kind bei meinem Arbeitgeber beantragen konnte. Christina nahm ich mit zur Schule. Ich stillte sie in den Pausen. Während des Unterrichts sonnte sie sich auf dem Hof in ihrem herrlich weißen Kinderwagen mit Fenstern in der Sonne. Mittags waren wir fertig. Dann fuhren wir mit der U-Bahn nach Hause.

Susanne ging inzwischen bereits in die erste Klasse und brauchte nicht in den Hort zu gehen. Sie war bereits Schlüsselkind und kam direkt nach Hause, und wir nutzten die Zeit zum Hausaufgabenerledigen und Lesenüben. Es war eine sehr schöne Zeit, die wir alle miteinander auch sehr genossen haben. Zu diesem Zeitpunkt wurde auch ihr Schwimmtalent entdeckt. Ab dem zweiten Schuljahr wurde ihr der Besuch der Kinder- und Jugend-Sportschule in Berlin in Aussicht gestellt.

Im Tierpark Friedrichsfelde stehen wir alle am Löwendenkmal.

Kapitel 6:

Bettfedernreinigung

Von unserer Hinterhofwohnung im Prenzelberg war die nächstgelegene Bettfedernreinigung erst wieder im Stadtteil Weißensee zu finden. Ich hatte vorher angefragt, ob ich ein Federbett, meine Bettdecke, bringen kann. Und wieder war es mein Haushaltstag, den ich dafür nutzte. Einmal im Monat konnte ich den als verheiratete Frau beantragen, um Behördengänge oder etwas im Haushalt zu erledigen. Ich packte das Deckbett in meinen größten Koffer und machte mich damit auf den Weg zur Reinigung. Ich mußte ein Stück die Prenzlauer Allee entlanglaufen, vorbei an der Palucca-Ballettschule, wo ich sehr gern einmal meine beiden Töchter hinschicken wollte. Urplötzlich wurde ich von zwei netten Herren meines Alters angesprochen. Sie fragten mich: „Wo wollen Sie denn mit dem riesigen Koffer hin? Was ist denn da drin?“ Etwas erschrocken antwortete ich: „Mein Federbett ist im Koffer, das bringe ich zur Reinigung!“ Ich sollte ihnen auch zeigen, daß wirklich ein Federbett im Koffer war. Ich habe mich darüber sehr gewundert, habe ihnen aber bereitwillig alles genauestens erklärt und auch gezeigt. Danach durfte ich meinen Weg zur Reinigung fortsetzen. Die Prenzlauer Allee war auch oft die Protokollstrecke. Wenn sich Besucher angesagt hatten, fuhr unsere Staatsregierung im Konvoi dort entlang, um in das Schloß Niederschönhausen zu gelangen. Alle fünfzig Meter standen zwei zivile, unauffällige Herren, lasen Zeitung oder aßen ein Eis, um alles abzusichern, daß es zu keinem Zwischenfall kommen sollte. Das kannte ich bereits von meinen täglichen Spaziergängen in der Schönhauser Allee. Einmal in der Woche konnte ich das dort ebenfalls beobachten.

Kapitel 7:

Urlaub auf dem Lande

Einmal im Jahr machten wir auch sehr gern Urlaub beim Opa. Meistens war das für uns Arbeitsurlaub. Wir halfen einmal eine Betonplatte gießen, Fritz war von Beruf Maurer, genau wie der Opa, und konnte damit umgehen. Oder wir erledigten etwas im Garten. Es gab immer genügend zu tun.

Die Kinder hatten auch immer ihren Spaß auf dem Hof und mit den Tieren.

Susanne verlebte außerdem in jedem Jahr ihre Ferien auch bei Omi und Opi in Dresden. Dort hat sie viel gesehen und kennengelernt, weil Omi und Opi sich viel Zeit genommen haben und jeden Tag mit Susanne umhergefahren sind.

Und … wie bei Omi so üblich … jeden Tag ein Eis.

Oder sie hat ein paar Tage bei ihrer Uromi auf dem Hof ihre Ferien verbracht.

Genau wie Susanne damals, konnte auch Christina zu ihrem ersten Geburtstag laufen und brauchte keine Windeln mehr.

Darauf war ich besonders stolz, weil ich im Hinterhof keine Wäsche trocknen konnte. Ich hatte nur zwei Holzwäscheständer, die im Winter oben auf dem Kachelofen standen, denn einen Wäschetrockner gab es noch nicht. Die beiden Zimmer, die wir hatten, waren dann so richtig feuchtwarm.

Kapitel 8:

Planstellenkampf

Aufgrund der Tatsache, daß mir beim Außenhandelsbetrieb Limex (AHB) keine Planstelle als Sachbearbeiterin zugewiesen werden konnte und ich dort meine Tätigkeit als Sekretärin nur vorübergehend angenommen hatte, bemühte ich mich beim Ministerium für Außenhandel (MAH) um eine Planstelle als Sachbearbeiterin. Ende September 1980 hatte ich diesbezüglich beim Abteilungsleiter für Investitionen ein Informationsgespräch. In diesem Gespräch zeigte er mir zwei Möglichkeiten von Tätigkeiten auf, worauf ich zusagte. Er sagte mir auch, daß eine endgültige Einstellung erst nach Prüfung meiner Kaderunterlagen erfolgen kann, dazu sollte ich Mitte Oktober einmal nachfragen. Ende Oktober informierte er mich in einem Telefonat, daß er grünes Licht für meine Einstellung hätte. Wir vereinbarten ein weiteres Gespräch. In diesem Gespräch gab er mir detaillierte Hinweise über die geplante Arbeitsaufgabe und welche Schritte ich einleiten sollte, um mein Arbeitsrechtsverhältnis im AHB-Limex aufzulösen, da meine Einstellung unbedingt noch im Dezember 1980 erfolgen müsse. Ich gab daraufhin an, daß ich mich noch in der Freistellung gemäß § 246 AGB befinde, aber bereit bin, im Interesse des MAH, diese zu beenden. Von der Kaderabteilung des MAH bekam ich den Hinweis, einen Überleitungsvertrag zu beantragen. Ich versuchte mein Glück. Ein Überleitungsvertrag wurde abgelehnt und ein Aufhebungsvertrag angeboten. Diesen nahm ich an, weil mir nach wie vor keine Sachbearbeiterstelle zugewiesen werden konnte. Der Abteilungsleiter vereinbarte Mitte November ein Einstellungsgespräch mit mir. Das Gespräch kam nicht zustande, weil er dienstlich verhindert war. Ende November kam das Einstellungsgespräch zustande, welches für mich als herbe Enttäuschung endete und mein Vertrauen zu den staatlichen Organen sehr schmälerte. Er erklärte mir, daß er keine Möglichkeit mehr sieht, mich einzustellen, da die vorgesehenen Planstellen nicht gebilligt wurden und das MAH Einstellungsstopp hat. Er machte mir einen Alternativvorschlag. Es bestünde die Möglichkeit, vorübergehend beim Außenhandelsbetrieb Investcommerz anzufangen. Das war ein nachgeordneter Baubetrieb des Ministeriums. Ich sah nun keine andere Möglichkeit mehr als zuzustimmen, da ja zum Dezember 1980 mein Aufhebungsvertrag in Kraft trat und bis zur

Auffindung einer anderen Arbeitsstelle wiederum einige Zeit vergehen würde und ich während dieser Zeit ohne Arbeitsrechtsverhältnis gewesen und dadurch auch die Mutterunterstützung entfallen wäre. Trotz mehrmaliger Rückfragen konnte mir das MAH keine konkrete Aussage über meine perspektivische Entwicklung geben. Mir wurde die Möglichkeit genommen, eine Gehaltserhöhung zu erhalten. Auch nach Einarbeitung bestand das Problem, außerhalb des Stellenplanes eingesetzt zu sein, welches den Lohnfonds zusätzlich belastete, und meine anderen Kollegen glaubten, dadurch auch keine Gehaltserhöhungen erhalten zu können, welches sich negativ auf das Arbeitsklima auswirkte. Neben den moralischen Faktoren spielte natürlich auch der eingetretene finanzielle Verlust eine große Rolle. Durch das vorzeitige Verlassen des AHB-Limex erhielt ich keine Jahresendprämie. Erst eine Beschwerde beim FDGB-Kreisvorstand brachte den Stein ins Rollen. Der amtierende Verwaltungsdirektor des MAH führte sofort ein Einstellungsgespräch mit mir, daß ich per 1. Juni 1981 auf der Planstelle 1.6./53-Vergütungsgruppe I mit 810,– Mark meine Arbeit aufnehmen konnte. Als Aufgaben wurden mir im Sektor Investitionen die Vorbereitung und Ausarbeitung von Plandokumenten (staatliche Aufgabe/STAG + staatliche Auflage/STAL), die Erfassung und Verwaltung unbeweglicher Grundmittel im In- und Ausland übertragen. Aufgrund der gesetzlichen Regelung über die Verkürzung der Arbeitszeit für Mütter mit zwei Kindern, brauchte ich wöchentlich nur vierzig Stunden arbeiten. Die ehemals vom AHB-Limex erfolgte Delegierung zum Fernstudium an der Fachschule für Außenwirtschaft wurde ebenfalls übernommen. Auch erfolgte die Zusage für die damit verbundenen Rechte und Pflichten, wie Freistellungen, fachliche Unterstützung ohne Einschränkungen wahrnehmen zu können. Es erwartete mich eine hochinteressante Aufgabe, wo ich so richtig ins eiskalte Wasser geschmissen wurde. Fast jede Woche tauchte bei mir ein anderer netter Herr auf, um seine Kennziffern mit mir abzustimmen. Bis ich hinterher eines Tages von meinem Mitstreiter erfuhr, daß dies alles die Generaldirektoren der nachgeordneten Außenhandelsbetriebe waren. Das war eine echte Herausforderung, die auch riesigen Spaß machte! Wenn ich mein Zahlenmaterial fertig bearbeitet hatte, legte ich alles meinem Chef zum Abnicken und Unterschreiben vor. Dann mußten zweimal im Jahr alle Unterlagen zur staatlichen Plankommission (SPK) gebracht werden. Die SPK hatte ihren Sitz im ehemaligen Luftfahrtministerium in der Leipziger Straße. Mein Weg führte von Unter den Linden, die Wilhelmstraße entlang, wo unter den Neubauten der zugeschüttete ehemalige Hitlerbunker lag. Direkt in

URKUNDE

Heidrun Beckmann

Aus Anlaß Ihrer fünfjährigen Tätigkeit
im sozialistischen Außenhandel
der Deutschen Demokratischen Republik
spreche ich Ihnen
Dank und Anerkennung aus

Berlin, den 16. 4. 1984

MINISTERRAT
DER DEUTSCHEN DEMOKRATISCHEN REPUBLIK
MINISTERIUM FÜR AUSSENHANDEL

Minister

URKUNDE

FÜR VORBILDLICHE
SOZIALISTISCHE ARBEIT
VERBUNDEN MIT
AKTIVER GESELLSCHAFTLICHER TÄTIGKEIT
WIRD

HEIDRUN BECKMANN

DER EHRENTITEL
AKTIVIST
DER SOZIALISTISCHEN ARBEIT
VERLIEHEN

Berlin, den 7. Oktober 1986

MINISTERRAT DER DEUTSCHEN DEMOKRATISCHEN REPUBLIK
MINISTERIUM FÜR AUSSENHANDEL

Minister

Vorsitzender der Betriebsgewerkschaftsleitung

das Gebäude mit dem wunderschönen Mosaik, das unsere DDR-Geschichte darstellte. Im Gebäude selbst fuhren zwei Paternoster. Damit fuhr ich zu gern. Dann vergaß ich bei jedem Besuch dort keinesfalls, zur Toilette zu gehen. Warum? Aus einem der Toilettenfenster hatte ich einen direkten Blick nach Westberlin zum Potsdamer Platz und schaute mir jedesmal den beleuchteten Fahrstuhl, der sich an der Außenfassade eines riesigen Wolkenkratzers entlanghangelte, mit Begeisterung an.

Einige Zeit später erhielt ich direkt vom Außenhandelsminister zwei Auszeichnungen.

Mein damaliger Chef sagte mir damals: „Jeder Mitarbeiter muß in der Lage sein, ein Disziplinarverfahren einzustecken, um später wieder eine Prämie zu bekommen?“

Kapitel 9:

NSW-Kontakt

Anfang April 1981, wir wohnten bereits im Zillemilieu in Berlin, fand ich in unserem Briefkasten einen Brief aus London. Vor ungefähr drei Jahren, seitdem ich im Außenhandel in Berlin tätig war, hatte ich meinen langjährigen Briefwechsel abgebrochen, weil es nicht gewünscht war, Kontakte mit dem nichtsozialistischen Wirtschaftsgebiet (NSW) zu führen. Das war mir beim Personalgespräch in der Kaderabteilung unmißverständlich so mitgeteilt worden. Also informierte ich meinen damaligen Arbeitgeber, den Außenhandelsbetrieb Investcommerz, zuerst mündlich und danach auch schriftlich, über meinen Fund im Briefkasten, sowie meine Absichtserklärung diesen Brief nicht beantworten zu wollen. Dieser Brief war noch an meine alte Anschrift im Cottbuser Hochhaus adressiert.

Er war von meinem langjährigen Brieffreund Rameshandra aus Nairobi in Kenia. Ich führte damals von 1963 bis 1977 regen Schriftwechsel mit ihm, um meine schulischen Englischkenntnisse zu vervollkommnen. Er war ein Inder und hatte das Land verlassen, um in Kenia zu leben. Dort hatte er sich mit seinem Bruder eine Autowerkstatt aufgebaut. Sein Bruder führte mit meiner besten Schulfreundin Helga ebenfalls regen Briefkontakt. Das war eine großartige Geschichte. Ich bekam sehr viele Ansichts- und Tierkarten vom Nationalpark in Kenia. Einen Autokalender hatte er auch geschickt, der wurde im Hauptzollamt in Leipzig festgehalten. Von dort bekam ich dann eine kurze Info, daß dieser Kalender dort eingezogen wurde und ich diesen nicht bekommen kann, wegen des Reklameverbotes für Produkte aus dem NSW. Ich erinnere mich auch an einen Brief, wo mir Ramesh mitteilte, daß er eine Geschäftsreise nach Frankfurt plant und es sehr schön finden würde, wenn ich ihn kurz am Frankfurter Flughafen treffen könnte. Das war ja auf keinen Fall möglich. Es war damals auch schwierig, dies in Englisch zu erklären. Oder als wir unsere erste eigene Wohnung im Spreewald bezogen hatten und ich urplötzlich einen langstieligen Rosenstrauß zusammen mit einem Schächtelchen englisches Konfekt aus London bekam.

Kapitel 10:

Melonenklau

Ein Sommertag, wie er im Buche steht, und wir haben wichtige Unterlagen vorzubereiten. Ein Glück, daß es noch die Mittagspause gibt – diese nutzten wir immer ein bißchen, um Unter den Linden umherzulaufen oder einmal schnell mit dem Bus zur Markthalle zu fahren. Auch dieses Mal. Als wir dort ankamen, ringelte sich eine Riesen-Menschenschlange unendlich weit. Wir wußten nicht, was es gab, aber stellten uns vorsorglich an. Leckere Melonen waren in großen Drahtgestellen zu sehen. Mmmmhh … eine schöner und größer als die andere, wir unterhielten uns und schrittchenweise rutschten wir Richtung Kasse. Auf einmal ein Gezeter, eine Lauferei der Verkäufer, sehr viel Unruhe. Die Kassen wurden abgebaut und nach drinnen geschafft. Die anstehenden Leute staunten nur so – ein kleiner Verkäufer, der fast unterging im Getümmel, versuchte den nun bereits lange anstehenden Menschen zu erklären: „Ab sofort wird der Verkauf unterbrochen und in einer halben Stunde fortgesetzt!“ Die Leute sollten dann wieder kommen! Darüber waren natürlich aller sehr verärgert. Die vorn stehenden Leute fielen über die Melonen her und nahmen jeder eine unterm Arm und liefen damit weg. Wir auch – aber ich hatte ein schlechtes Gewissen, daß jetzt sicher irgendwo das Fernsehen auftauchen wird und uns stellt. Nix passierte! Was war los? Erich, unser Staatsratsvorsitzender, hatte eine Delegation zu Besuch und die Protokollstrecke führte unter anderem an der Markthalle vorbei. Es durften doch keine Menschenschlangen zu sehen sein, also wurde binnen kurzer Zeit alles aufgelöst.

Kapitel 11:

Ostseeurlaub

Sehr gut kann ich mich noch an unseren ersten Ostseeurlaub in Kölpinsee nahe Koserow erinnern. Es war im Sommer 1982.

Das MAH hatte ein Betriebsferienheim in Kölpinsee. Den Ferienplatz hatten wir bekommen, weil ich als voll berufstätige Mutter mit zwei Kindern und Fernstudium bevorzugt wurde. Susanne war acht Jahre alt und hatte gerade das zweite Schuljahr beendet und Christina war zwei Jahre alt. Wir fuhren mit der Bahn bis Kölpinsee. Das war fast eine Tagesreise. Dort hatten wir in einem Haus am Strand in der ersten Etage ein sehr schönes Zimmer. Auf der Karte oben links ist unser Refugium geradeso durch die Bäume zu erkennen. Von meinem Bett aus konnte ich direkt auf die Ostsee schauen – wunderbar!

Dort hatte sich jemand eine Kartoffelpufferbude aufgestellt. Er begann gegen Mittag mit seiner Brutzelei, so daß wir vierzehn Tage lang immer den feinen Geruch von Kartoffelpuffern in den Nasen hatten. Gegessen haben wir auch jeden Tag ein Paar.

Wir hatten nur wenige Schritte bis zur Ostsee zu laufen.

Die Kinder fühlten sich am Strand und im Wasser pudelwohl.

Susanne war von klein an sowieso eine Wasserratte. Christina drehte bei ihrer ersten Berührung mit dem vielen schönen Sand erst einmal drei Purzelbäume. Das hatten wir auch vorher noch nicht gesehen! Zu den Mahlzeiten hatten wir allerdings ein Stück zu laufen, denn das Ferienheim lag fünfzehn Minuten fußläufig stadteinwärts. Christina wurde dorthin abwechselnd von uns Eltern auf den Schultern getragen. Wir waren gerade drei Tage dort, da bekam Christina Windpokken. Ja, was nun? Wir hatten so lange auf einen Seeplatz gewartet, und nun das? Windpocken waren ja auch ansteckend! Im Nachbarort Koserow gab es einen Kinderarzt. Der wurde uns empfohlen, und so spazierten wir am Strand entlang nach Koserow. Der Arzt gab mir einen Puder, wo ich die Stellen einpudern und möglichst trocken halten sollte. Abreisen brauchten wir also nicht. Aber mit dem Baden war es nun erst einmal vorbei für Christina. Abends konnten wir uns die Zeit mit einem riesigen Schachspiel vertreiben. Wir hatten dennoch eine sehr schöne Zeit und wiederholten solchen Ostseeurlaub noch etliche Male.

Kapitel 12:

Wohnung am Stadtrand mit S-Bahn-Anschluß

Im Jahre 1982 bezogen wir eine 3-Zimmer-Komfortwohnung mit Fernheizung und Spannteppich in einem fünfgeschossigen Neubaublock (ohne Fahrstuhl) in der vierten Etage. „Wohnen 2000" nannte sich die Bauweise damals. Der Mietpreis lag bei 85 Mark im Monat. Es war ein Traum von einer Wohnung.

Unser Vormieter war ein Staatssekretär. Das Bad hatte es mir angetan. Es war holzverkleidet mit eingelassenen Leuchtstoffröhren. Bis eines Tages ein Handwerker kommen mußte und mir erklärte: „Haben Sie hier schon öfters gebadet? Dann seien sie froh, daß alles gut gegangen ist." Hinter dem Spiegel im Bad befanden sich die Wasserrohre, auch die Drosseln für die Leuchtstoffröhren. Das hätte verdammt schiefgehen können!

Sechs Meter Balkon mit Blick über die Bahnlinie Berlin–Frankfurt/Oder mit Blick ins Grüne und Ostseite, damit Sonnenaufgang vorprogrammiert.

Einmal fuhr Kim Ill-sung mit seinem Zug vorbei, da haben wir ihm mit Winkelementen zugewunken. Das Wohnzimmer hatte eine sogenannte Durchreiche von der Küche zum Wohnzimmer. Die Küche ohne Fenster lag mittig in der Wohnung und wurde von einem Glasregal im oberen und Holzregal im unteren Bereich getrennt. In der Mitte war ein Stück offen, so daß der Eßtisch, im Wohnzimmer an dieser Seite stehend, leicht eingedeckt werden konnte.

Hessenwinkel, eine S-Bahn-Station früher, zählte noch zum Randgebiet Berlins. Das machte sich beim Einkaufen sehr bemerkbar, denn Berlin wurde sonderversorgt! So bekam ich die bei meinen Kindern sehr beliebte homogenisierte Karamellmilch nur in der Friedrichstraße und nahm alles per S-Bahn mit heim. Das war im Berufsverkehr manchmal schwierig. Die S-Bahnen hatten damals noch Gepäcknetze, dort konnte ich meinen Einkaufsbeutel ablegen. Die Feiertage standen vor der Tür und ich hatte in meiner Mittagspause in Berlin Rouladen eingekauft. Abends in der S-Bahn legte ich alles im Gepäcknetz ab, weil ich einen Stehplatz hatte. Dann tropfte hin und wieder ein Tröpfchen Blut aus dem Netz! Oder ein anderes Mal, wir aßen sehr gern Knoblauch, war ich mit dem Radl nach Hessenwinkel zum Bäcker gefahren. Dort standen am Wochenende immer lange Menschenschlangen, um

Brötchen zum Frühstück zu holen. Hinter mir unterhielt sich einer lautstark mit dem nach ihm Stehenden: „Wer hat denn hier Knoblauch gegessen?“ Ich gab mich natürlich nicht zu erkennen und habe meinen Mund nicht mehr aufgemacht. Bis die Reihe an mir war, zu sagen, was ich haben möchte.

Kapitel 13:

Frische Erdbeeren

Ein Sommertag wie aus dem Bilderbuch, ich habe meinen monatlichen Haushaltstag genommen. Ein freier Tag, der vom Arbeitgeber gestattet wurde, um als voll berufstätige Frau den Haushalt wieder etwas auf Vordermann zu bringen, oder notwendige Behördengänge zu erledigen.

Mit der S-Bahn fuhr ich zum Alexanderplatz, um ein wenig Schaufenster bummeln zu gehen. Mein Weg führte mich auch zur Markthalle am Alexanderplatz, dort gab es hin und wieder frisches Obst, was ich sonst nirgendwo bekam. Ich bog um die Ecke und sah eine Menschenmenge. Wie vermutet, gab es etwas Besonderes. Zunächst schritt ich die Menschenmenge ab, um das Ende vom Anfang zu finden und zu sehen, was es Schönes gab. Ich war an dem mobilen Verkaufsstand angelangt und mir lachten wunderschöne große Erdbeeren entgegen.

Ja, das Wasser lief mir im Munde zusammen bei diesem leckeren Anblick und ich dachte, für meine beiden Mädels muß ich einfach ein paar mitnehmen. Also ging es flugs wieder zurück zum Ende der Menschenschlange. Ich reihte mich ein. Da es eine riesige Menschenmenge war, dauerte es und dauerte es.

Inzwischen war die Sonne heraufgekommen und es wurde auch sehr warm. Nachdem ich knapp drei Stunden angestanden hatte, hielt ich eine kleine Schale mit Erdbeeren in meinen Händen. Das war der Moment, wo ich mir geschworen habe, unbedingt einen Kleingarten zu erwerben, um solches Obst allein anbauen zu können und keine unnötigen Strapazen aushalten zu müssen.

Kapitel 14:

Kleingarten, Datsche

Im Februar 1984 stellte ich beim Rat der Gemeinde Erkner einen Antrag auf Pacht- und Gartenland. Dieses Pachtland sollte lediglich dem Gemüseanbau dienen, bzw. der Errichtung einer einfachen überdachten Sitzecke. So die Planung! Unseren Wunsch zu realisieren, war gar nicht so einfach. Ein Glück, daß wir Freunde hatten, die bereits beim Strafvollzug in Rüdersdorf einen Kleingarten besaßen und Kontakte zum dortigen Vorstand hatten. Hin und wieder wurde ein Garten abgegeben oder er wurde nicht ordentlich genug bewirtschaftet und stand dann frei für Interessenten. Es ergab sich für uns die Möglichkeit, ein Wiesen-Eckgrundstück von 443 Quadratmeter zwischen zwei bereits vorhandenen Gärten zu erschließen. Allerdings ohne Strom und ohne Wasser. Das war traumhaft! Aber die fünf alten, fast abgestorbenen Baumstämme in dem bauchhohen Gras machten uns schon Kopfzerbrechen. Wir hatten gute Freunde, und die helfen einander – so auch hier. Tagsüber machten sie sich mit einer kleinen Raupe daran, die alten Stümpfe herauszuziehen.

Nun war „nur noch“ die Grasnarbe abzutragen, das langte auch noch. Meine erste Handlung war, ein dickes Seil zu spannen – gedacht als Begrenzung, weil sich quer durch unseren Garten ein Trampelpfad der umliegenden Kleingartenbesitzer und Besucher abzeichnete – er diente als Abkürzung, wie in so mancher Parkanlage auch.

Das erste Provisorium wurde aus sechs alten Holztüren gebaut – Preis pro Tür: eine Flasche Weinbrand. Zwei Türen, jeweils vorn und hinten, je an der Seite eine und als Überdachung eine obendrauf. Es war ein windschiefer Schuppen, aber wir konnten etwas abstellen und bei Regen uns selbst unterstellen. Peu à peu machten wir den Garten urbar. Zuvor setzten wir Pfähle, die einbetoniert wurden, dann spannten wir einen Maschendrahtzaun. Schließlich fehlte noch ein Gartentor, das bekamen wir von einem Nachbarn und ließen uns in einer Schmiede die passenden Scharniere dazu anschweißen.

Zwei riesige Komposthaufen türmten sich auf, von der übereinandergeschichteten Grasnarbe. Etwas später wuchsen daran sogar Pilze, die schön anzuschauen waren und von den Spaziergängern bestaunt wurden. Unser Gartengrundstück hatte etwas Gefälle, also wurde die rechte Seite etwa fünfzig Zentimeter höher angelegt, darauf habe ich elf Quadratmeter Erdbeeren angepflanzt. Wie sich später herausstellte, war das der Top-Standort. Wir hatten die ersten und konnten die größten Erdbeeren ernten. Kein Anstehen mehr in der Berliner Markthalle. Das war schon super! Den Hauptgartenweg legten wir so an, daß dieser an der etwas höheren Seite entlangführte.

Mit ein paar Steinen und kleinen Pflanzen entstand rechts entlang des Weges ein schöner bunter Steingarten – eine kleine Augenweide. Nun wollten wir ein paar Sträucher, wie Johannisbeeren, Stachelbeeren, und ein paar Obstbäume pflanzen. Wir hatten aber kein Auto, also mußten wir schauen, wie wir alles von A nach B befördert bekamen. Der Kleingarten lag in Rüdersdorf auf einer zugeschütteten Müllhalde und die Bäume gab es in einem Garten-Center in Berlin-Kaulsdorf. Also fuhren wir mit der S-Bahn zum vorgenannten Garten-Center, es wurde eingekauft und alles schön zusammengebunden. Ein paar Meter vom Garten-Center befand sich eine Bushaltestelle, dieser Bus fuhr bis zur S-Bahn in Köpenick. Dort stiegen wir um in die S-Bahn und haben alles bis zur Endhaltestelle Erkner befördert. Dann ging es zu Fuß nach Hause. Die Wurzeln der Bäume habe ich sogleich ins Wasser gesteckt, damit sie sich bis zum nächsten Morgen tüchtig vollsaugen konnten. Am nächsten Morgen sollte alles mit in den neun Kilometer entfernten Garten genommen werden, entweder mit dem Fahrrad oder per pedes. Auf diese Art und Weise haben wir so manchen Gegenstand, der im Garten seinen Standort finden sollte, befördert. Ich denke da an die fünf 100-Liter-Fässer zum Regenwasserauffangen, eine Couch zum Übernachten und vieles andere mehr.

Wir wollten auch sehr gern eine Gartenlaube bauen. Aus diesem Grunde bestellten wir bei der Baustoffversorgung eine Gartenlaube – damals GL 19 genannt. Weil erst alles bilanziert werden mußte, warteten wir zwei Jahre darauf. Wir konnten also in aller Ruhe das erforderliche Fundament ausheben.

Das geschah im Sommer bei 30 Grad mit Spitzhacke, weil Lehmboden dann nur noch so zu bearbeiten ist. Die erforderlichen Fundamentsteine wurden an einem Vormittag angeliefert – ich hatte wieder meinen Haushaltstag dafür genommen, um die Lieferung entgegenzunehmen. Diese haben wir dann entsprechend in den Boden eingesetzt. Gemeinsam mit unseren Freunden stellten wir die einzelnen Segmente auf und es gab so manchen Spaß dabei. Nach ein paar Wochen stand die Gartenlaube.

Nun sammelten wir fleißig in Einkaufstaschen kleine Steine, um diese dann stückchenweise auf den Boden in der Gartenlaube zu verteilen. Es war sehr mühsam! Obwohl wir in Rüdersdorf die Zementfabrik hatten, bekamen wir noch lange keinen Zement zu kaufen. Einmal im Monat, wenn wir zufällig bei der Behelfs-Baustoffversorgung in Rüdersdorf einkaufen waren, konnten wir Glück haben, dort welchen zu bekommen. Dann mußte einer von uns Erwachsenen zurück zum Garten, um die Schubkarre zu holen.

So haben wir auch Zement in unseren Garten bekommen. Wir hatten uns einen alten Kalkkasten organisiert und darin mischten wir dann mit einer Schaufel den Sand mit Zement und Wasser, das wir auch jeden Tag von einer zentralen Wasserstelle mit der Schubkarre in vier 5-Liter-Fitbehältern holten. So hatten wir auch einen Fußboden. Die Gartenlaube war eine kleine Klasse, wir hatten eine kleine Küche mit kleinem Spirituskocher und ein Waschbecken, wo wir in einem untergestellten Eimer das Wasser auffingen. Auch hatten wir in der Küche einen sogenannten Kühlschrank – eine gemauerte Vertiefung von einem Meter mal einem Meter, der mit einer Holzplatte abgedeckt wurde. Sehr vorteilhaft im Sommer, wenn es richtig heiß war.

Die Gartenlaube mußte auch noch einen Anstrich bekommen, damit die Preßpappteile nicht so arg der Witterung ausgesetzt waren und etwas länger hielten. Auch das Asbestdach bekam einen Anstrich. Ich mußte mich damals, als Fliegengewicht und nicht ganz schwindelfrei, mit einem Pinsel in der Hand da hochlegen und es anstreichen. Als die Gartenlaube stand, haben wir uns von einem nahe gelegenen Bauernhof eine Fuhre Mist anfahren lassen. Der wurde dann überall untergegraben. Im darauffolgenden Jahr sahen wir den Erfolg. Alles wuchs wunderbar. Am Jahresende wurde immer Bilanz gezogen. Jeder Schrebergärtner mußte seine Ernte abrechnen, auch wenn er sie für den eigenen Bedarf genutzt hatte. Einmal im Monat fanden auch Begehungen vom Gartenvorstand statt. Deshalb war es ja so wichtig, möglichst kein Unkraut stehen zu haben. Da uns die Gartenarbeit riesigen Spaß bereitete, machten uns diese Auflagen überhaupt nicht zu schaffen.

Als sehr angenehm ist mir das Verhältnis zu den Nachbarn in Erinnerung. Hatte jemand Kuchen gebacken, Wurst oder Steaks gegrillt, wurde umverteilt. Niemals aß einer allein! Es gab auch so manches Bierchen oder Weinbrandgläschen am Gartenzaun, gemischt mit ein paar Späßchen.

Kapitel 15:

Tschernobylwolke

Auch die Bürger in der DDR können am 30. April 1986 in der „Wahrheit“ – eine Zeitschrift – lesen, daß ein Reaktorunfall am 26. April 1986 in der Ukraine zwei Menschenleben forderte und das sowjetische Kernkraftwerk Tschernobyl teilweise beschädigt wurde. Daß die Freisetzung von mehreren Tonnen hochradioaktiven Materials aus dem explodierten Block 4 von Tschernobyl zu einer weiträumigen Verseuchung des Bodens, der Pflanzen und Tiere, sowie der Gewässer führte. Auch das Grundwasser wurde langfristig mit radioaktiven Stoffen belastet. Daß es bisher der schwerste Unfall in der Geschichte der zivilen Nutzung der Atomenergie sei. Noch schlimmer war, daß die radioaktive Wolke über Polen, auch nach Berlin und weiter nach Skandinavien zog. Es wurde davor gewarnt, im Garten angebauten Salat und Pilze aus dem Wald zu verzehren. Wir hatten Spinat angebaut, natürlich haben wir den geerntet und gegessen.

Der 1. Mai 1986 war besonders sonnig gewesen, wir hatten alle bei der alljährlichen Maidemonstration einen tüchtigen Sonnenbrand bekommen.

Kapitel 16:

Notaufnahme, Dauergast

Diese Pechsträhne fing bereits in Berlin an. Christina war fünfzehn Monate alt. Es war mein Geburtstag und ich hatte mir eine Tasse Kaffee auf dem Schrank in der Küche eingegossen. Christina kam mit ihren kleinen Fingerchen an die Untertasse auf dem Küchenschrank und die heiße Tasse Kaffee kippte zur Seite und ergoß sich über ihre Gesichtshälfte und Schulter.

Sie schrie wie am Spieß! Was sollte ich machen? Also habe ich meine Christina flugs in den Krückstockwagen gesetzt. Der machte sich in Berlin besonders bezahlt. Bei diesem ständigen Treppauf und Treppab zur U- und S-Bahn. Ich konnte ihn mitsamt dem Kind unter den Arm nehmen, während ich bei den anderen Wagen immer eine zweite Person um Hilfe zum Anfassen bitten mußte. Dann bin ich Richtung Christburger Poliklinik gelaufen. Das waren vielleicht so gute zwei Kilometer. Für mich ein Gang nach Canossa mit dem schreienden Kind. Dort angekommen, wurden die betroffenen Stellen sofort mit dem kühlenden Schaum des Panthenol-Sprays besprüht. Dann konnte ich wieder mit meiner kleinen schlafenden Maus gemütlich nach Hause spazieren. Unsere Gartensaison war dann wieder ein Zeitraum, wo wir, meine Töchter Susanne, Christina und ich, Dauergäste in der Notaufnahme im Rüdersdorfer Kreiskrankenhaus waren. Wir hatten unseren Schrebergarten in Rüdersdorf. Von unserem Garten aus sahen wir die Autobahn und den „Kreml".

So nannten die Rüdersdorfer ihr Kulturhaus auf dem Berg, weil es dort oben wie ein Kreml thronte. Links oben auf der Karte anzuschauen.

Viele Gartenversammlungen fanden auch dort statt.

Meistens fuhren wir mit unseren Fahrrädern zur ersten Rast ins kleine Gartenlokal in Erkner, wo die Kinder immer rote Brause bekamen und Papa ein lecker Bierchen. Wenn ich mit dabei war, wurde öfters vorbeigefahren, um so eher waren wir im Garten.

Weiter ging es querfeldein durch den Wald über den Zeltplatz. Bis uns holpriges Kopfsteinpflaster in Woltersdorf an der Schleuse empfing. Zum großen Schrecken ging es auch noch bergab. Einmal hatte ich Eintopf vorgekocht, diesen Topf auf meinem Gepäckhalter verstaut. Genau bei diesem Bergab hatte ich die Suppe an meiner weißen Hose. Diese Tour hatte es in sich und war kaum ohne größeres Malheur zu überstehen. Endlich im Garten angekommen, gingen die Kinder auf Tauchstation. So ging Christina sehr viel mit ihrem Puppenwagen und ihrer Freundin spazieren und fand unterwegs einen Eierpflaumenbaum. Der gehörte natürlich zu einem anderen Garten. Die Besitzer standen bei mir vor dem Gartenzaun und beschwerten sich wegen ihrer fehlenden Eierpflaumen. Christinas Freundin hatte zwei Gärten weiter ihren Garten und sie spielten abwechselnd einmal dort und einmal bei uns. Meistens überall und nirgends! Der Papa dort hatte eine schwere Eisenplatte als Kellerabdeckung in seiner Gartenlaube eingebaut, damit auch sein Bier richtig kühl blieb. Diese Abdeckung fiel eines Tages auf Christinas großen Zeh! Wir mußten sofort zur Notaufnahme. Der Zehennagel wurde abgezogen und alles dick verbunden. Ein anderes Mal pflückten wir im wilden Gelände vor unserem Garten Pflaumen ab. Susanne war in den Pflaumenbaum gestiegen und reichte uns die reifen Früchte herunter. Als unser Körbchen gefüllt war, sprang Susanne herunter auf einen Ast. Der steckte gleich durch den Turnschuh im Bein. Wieder ging es zur Notaufnahme, um den Stock entfernen zu lassen. Außen entlang am Gartenzaun, wir hatten ja ein Eckgrundstück, mußte ich auch hin und wieder mit der Sichel den Rasen kürzen. Eines Tages nahm ich die Sichel in die rechte Hand und mit der linken Hand hielt ich das abzumähende Gras fest. So haute ich mir die Sichel in meinen linken Daumen und durfte auch zur Notaufnahme, um alles verbinden zu lassen. Dann gab es noch daheim ein Desaster. Wir wollten unseren Nachmittagskaffee trinken und setzten uns gemütlich an unseren Eßtisch. Die Kinder tranken immer Blümchenkaffee. Der war gerade heiß aufgebrüht. Ich schenkte den beiden Kindern ein und auf einmal hatte ich den Henkel des Steinguttopfes in der Hand und beide Kinder schrien. Christinas Oberschenkel und Susannes Fuß hatten die volle Ladung abbekommen. Vierzehn Tage beförderte ich täglich beide Mädels, auf dem Fahrrad sitzend, zur Poliklinik, um die Verbände erneuern zu lassen. Das war eine Lehre, nix Kaputtgegangenes im Haushalt wieder anzukleben.

Kapitel 17:

Komsomolzentreffen

Einmal im Jahr fand ein Komsomolzentreffen in Wünsdorf statt. Im ehemaligen Olympiagelände von 1936 hatten die Sowjetsoldaten ihr Hauptquartier eingerichtet. Das Gelände war so groß, daß drei Seen im Areal waren und wir über zwanzig Minuten von der Wache mit dem Bus bis zu unserem Ziel fahren mußten. In einer lauschigen offenen Gartenlaube am See empfing uns bereits am Morgen ein reichlich gedeckter Tisch. Mit vielen Salaten und unendlich vielen Getränken. Gastfreundschaft wurde ganz großgeschrieben. Es ging lustig zu – weil auf die Sonne, auf den Mond, auf die Sterne, auf fast jede Blume getrunken wurde. Entsprechend hoch war der Pegelstand nach ein paar Stunden. Es wurde Musik gemacht und auch gesungen. Ich lernte meinesgleichen, die Dolmetscherin Ekaterina kennen. Wir schlossen sofort Freundschaft, weil wir zwei eine Wellenlänge hatten. Auch einen netten Offizier, der auf dem Bootssteg mit mir ein Tänzchen wagte und zum Abschied in den See sprang, um mir gelbe Sumpfdotterblumen zu pflücken, die ich unbedingt mit heimnehmen mußte.

Die tropften während der Rückfahrt aus dem Gepäcknetz des Busses auf mich herab.

Zum nächsten Osterfest war Ekaterina bei uns zu Gast. Ich wollte ihr unsere Osterbräuche zeigen. Wir fuhren mit dem Bus zu unserem Garten und suchten dort die versteckten Ostereier.

Als wir einen sehr gemütlichen Tag im Garten verbracht hatten, gingen wir wieder zur Bushaltestelle. Unterwegs auf offener Straße, hinter der Brücke, ohne Baum und ohne Strauch, lag ein kleines frisch überfahrenes Wildschwein.

Wir liefen alle ganz gemütlich und ich sagte noch zu den anderen: „Na, wenn jetzt die Mutter in der Nähe ist, wird's ungemütlich!" Kaum ausgesprochen, raschelte es im Gras neben uns und eine riesige Sau mit ihren vier Kindern kam auf die Straße hoch. Wir haben nix mehr sagen können. Alle haben Gas gegeben, was das Zeug hält, und wir sind um unser Leben gerannt. Die vorbeifahrenden Autofahrer haben gedacht, wir sind vom wilden Affen gebissen worden, und hielten vor Schreck an, bis sie die Bescherung auf der Straße sahen. Dann sind sie auch in Deckung gegangen. Von unseren Ostereiern ist keines heil geblieben. Und wir waren froh, als wir wieder heil im Bus saßen.

Ekaterina war noch öfter bei uns. Sie suchte einen deutschen Mann, damit sie nach dem Abzug der Sowjetsoldaten hier bei uns in Deutschland bleiben konnte.

GESELLSCHAFT FÜR
DEUTSCH-SOWJETISCHE
FREUNDSCHAFT

AUFNAHME
MARKE

GESELLSCHAFT FÜR DEUTSCH-SOWJETISCHE FREUNDSCHAFT
Sekretariat des Kreisvorstandes
Wittenberg

Name:

Vorname:

Geburtsdatum: 12.7.49

Wohnort: Wittenberg

Straße:

Beruf: Industriekaufmann

Mitglied seit: 1.10.69

Vorsitzender

GESELLSCHAFT FÜR DEUTSCH-SOWJETISCHE FREUNDSCHAFT
Sekretariat des Kreisvorstandes
Wittenberg

Mit der Sowjetunion verbündet sein, das heißt den Bund mit der Zukunft, mit dem Frieden, mit dem Aufstieg der Menschheit schließen

Walter Ulbricht

Kapitel 18:

Tod meiner Lieblingsomi

Als meine Lieblingsomi ihren achtzigsten Geburtstag feierte, hätte sie damals sehr gern bei mir wohnen wollen. Sie wollte nicht mehr so allein sein. Ich hatte aber damals mit meiner Familie nur eine 3-Zimmer-Komfort-Neubauwohnung in Erkner. Susanne und Christina teilten sich das Kinderzimmer. Wo hätte ich sie hinstecken sollen? Arbeiten gingen wir ja auch alle beide. Ich bemühte mich um ein Zimmerchen. Fünf Jahre vorher hätte ich mich anmelden sollen, bekam ich zur Antwort. Es stellte sich als aussichtslos dar. Sehr gern hätte ich damals meiner Lieblingsomi geholfen! Meine Lieblingsomi hatte das Weihnachtsfest und Neujahr bei Tante Ursel und Onkel Werner im Spreewald in Lübbenau verbracht. Im darauffolgenden Januar war sie an Grippe erkrankt und mußte ins Krankenhaus. Dort ist sie dann am 28. Januar verstorben. Die Beerdigung sollte in Groß Naundorf sein. Wir hatten einen Kranz anfertigen lassen. Mein Vater ließ sich entschuldigen! Wir, Susanne und ich – Christina blieb bei Papa daheim, fuhren mit der Bahn bis Annaburg. Dann fuhr normalerweise ein Bus alle Dörfer ab. Da der Bus nicht fuhr, liefen wir zu Fuß die sechs Kilometer bis zum Friedhof. Dort angekommen, sahen wir die Urne aus Gummi bereitstehen. Sie war an einer Stelle eingerissen. Mir wurde gleich unheimlich zumute. Mir fehlte damals der nötige Ernst für diese Situation. Ich war viel zu albern!

Kapitel 19:

Tod meiner Mutter

Unser letzter Besuch in Dresden, sie hatte bereits unheimlich abgenommen. Am 10. Mai 1985 bekam ich die Nachricht, daß meine Mutter in der Wohnung so dumm auf den Hinterkopf gefallen ist, daß die Feuerwehr sie aus der Wohnung holen mußte und sie nun mit Gehirnblutungen im Krankenhaus liegt. Mein Vater hatte die Angewohnheit, immer alles fünfmal abzuschließen. Er war im Dienst und meine Mutter hatte mit Farbe hantiert, vielleicht war ihr schlecht geworden! Jeden zweiten Tag fuhr ich nun mit dem Zug nach Dresden und sah nach ihr. Ich mußte zuschauen, wie sie im Krankenbett immer weniger wurde, und konnte nicht helfen. Das war das Schlimmste! Sie hatte dann am 15. Mai auch ihren achtundfünfzigsten Geburtstag. Die Schwestern hatten sie bereits abgeschrieben. Da der Urinbeutel bereits übergelaufen war, tapste ich in ihrem Urin unterm Bett umher. Sie war so schwach, doch als ich ging, hob sie ihren rechten Arm und winkte mir mit ihrer Hand nach, als ob sie sich von mir verabschieden wollte. Am nächsten Tag, dem 28. Mai bekam ich im Dienst den Anruf, daß sie verstorben ist. Sie hatte den gesamten Körper voller Metastasen. Es war nach der Quälerei eine Erlösung für sie, so schwer es auch für uns war. Mit meinem Vater, der zu nichts in der Lage war, habe ich dann alles geregelt. Ich ließ meine Mutter nach Berlin überführen. Ihre Urne setzten wir bei uns auf dem Friedhof bei – damit ich jeden Tag die Gelegenheit hatte zu ihr zu gehen.

Lydia Mitzschke
1927 — 1985

Kapitel 20:

Studienabschluß, zweite Einschulung

Endlich, endlich war es geschafft! Nach der mündlichen Prüfung im Jahr 1986 folgte das Schreiben der Hausarbeit und die Verteidigung. Uns allen wurde angeboten, noch ein halbes Jahr dranzuhängen, dann hätten wir den Hochschulabschluß bekommen. Aber nach der langen Zeit hatte dazu niemand mehr Lust. Ohnehin waren von den Anfangskommilitonen sowieso bereits die Hälfte abgesprungen. Es war aber ein super Gefühl, nun als zweifache Mutter endlich alles geschafft zu haben! Um den anfänglichen Startschwierigkeiten entgegenzutreten, habe ich für den Monat September bei meinem Dienstherrn um Arbeitszeitverkürzung gebeten, weil meine Christina eingeschult wurde.

Ich wollte, genau wie bei meiner ersten Tochter, einfach für sie dasein. In einem wunderschönen hellblauen Anorak mit passenden Schleifchen in den zwei kecken Zöpfchen und einer riesengroßen Zuckertüte und einem Blumenstrauß stand sie dann ganz stolz mit ihrer Klasse vor der Schule.

Kapitel 21:

Tschechienreise

Susanne hatte sich zu ihrer Jugendweihe eine Woche nach Liberec zum Jested gewünscht, wir hatten ein Jahr gespart und uns die Fahrkarten bereits vorher gekauft. Als dann die Jugendweihe war und wir am nächsten Tag fahren wollten, hatte unser Fritz seine Fahrkarte verflüssigt. Also fuhr ich mit den beiden Mädels allein dorthin. Wir starteten am Nachmittag und waren spätabends dort. An der Unterkunft angekommen, stand ich plötzlich vor einem Schäferhund, der Gott sei Dank still sitzen blieb.

Wir bekamen unser bestelltes Zimmer und schauten uns viel an. Pro Tag, pro Person, standen uns dreißig Kronen zur Verfügung, mehr durfte nicht umgetauscht werden. Da wir keine Westverwandtschaft hatten, gab es viele Wünsche der Kinder,

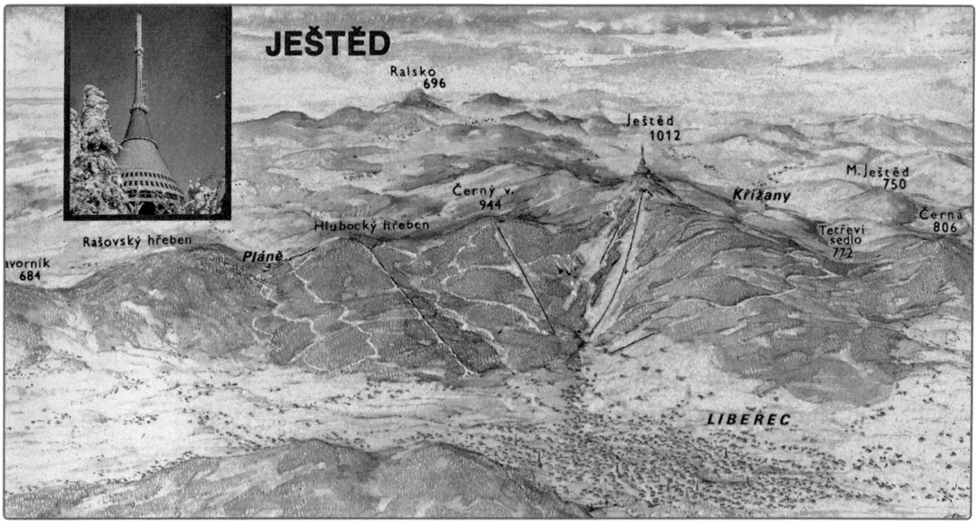

wie Tintenkiller und Kopfhörer und fesche Anziehsachen, wie von der Marke Adidas, die gab es bei uns überhaupt nicht zu kaufen. Wir besuchten den Bergzoo, wanderten zu Fuß auf den Jested und schauten uns so manches an und rechneten jeden Tag dreimal, welche Wünsche wir uns dann alle am letzten Tag noch erfüllen können. Am vorletzten Tag bezahlten wir unser Zimmer und brauchten nur für uns drei bezahlen. Hatten also einen Bonus, und ich konnte zusätzlich für Susanne einen lang von ihr angeschauten pinkfarbenen Pullover mit einem Bärchen auf der Brust kaufen. Wie sich beide darüber freuen, ist nicht zu übersehen!

Warum habe ich die Strapazen auf mich genommen? Hätte ich doch besser alles abgesagt!

Kapitel 22:

Dienstwegverkürzung

Da meine beiden Mädels inzwischen neun und sechzehn Jahre alt waren, hielt ich es für sehr wichtig, gerade in diesem Alter ein Auge mehr auf sie zu haben. Mein täglicher Arbeitsweg bis Unter den Linden war viel zu weit. Telefon hatten wir auch nicht. Also versuchte ich mein Glück bei der Stadtverwaltung an meinem Wohnort. Die hatten keinen Job für mich, gaben mir aber die Empfehlung, drei S-Bahn-Stationen weiter, in Köpenick, mal nachzufragen. Dort gab es eine Außenstelle vom damaligen Ministerium für Nationale Verteidigung in Strausberg, die stellten mich sofort als Mitarbeiterin ein. Nun hatte ich nur noch einen Arbeitsweg von fünfzehn Minuten, das war klasse. Im Sommer fuhr ich auch oft mit dem Fahrrad.

URKUNDE

Den

1. Platz

beim Armeesportlertreff 89
der ASG Köpenick

im

Luftgewehrschießen

belegte

Beckmann, Heidrun

mit 38 Ringen

Bernau, den 23.09.1989

Schubert
Generalmajor
Vors. der ASG Köpenick

ASV

Beim Familiensportfest im Herbst belegten wir, auch meine beiden Mädels, die ersten Plätze.

Kapitel 23:

Mein vierzigster Geburtstag

Wir schrieben das Jahr 1989 – ein sehr geschichtsträchtiges Jahr, wie wir heute wissen! Da wir mit vier Personen eine 3-Zimmer-Neubauwohnung – Wohnen 2000 – mit Balkon und Durchreiche im vierten Stock bewohnten, lag es also nahe, meinen Geburtstag im Garten zu feiern. Unser Garten lag von unserer Wohnung in Erkner neun Kilometer entfernt. Zu diesem Zeitpunkt besaßen wir kein Auto. Entweder kamen wir mit den öffentlichen Verkehrsmitteln, mit dem Radl oder zu Fuß dorthin. Ab dem S-Bahnhof Friedrichhagen fuhr eine Straßenbahn bis nach Rüdersdorf, es waren neunzehn Haltestellen. Dann waren es noch etwa zehn Minuten Fußmarsch bis zu unserem Garten. Bereits eine Woche vorher fingen die Vorbereitungen an. Wir fuhren erst einmal das nötige Geschirr und die Gläser zum Garten. Dann folgten Kartoffelsalat, Buletten, Kirsch-, Apfel- und Marmorkuchen, gefüllt mit Kirschen, und eine selbstgemachte Bowle.

Christinas ehemalige Kindergärtnerin wurde engagiert, weil sie zünftig Akkordeon spielen konnte. Der Tag selbst war ein heißer Sommertag, viele Gäste pilgerten zu uns in den Garten. Es war urgemütlich. Zur vorgerückten Stunde zogen wir, voran mit dem Akkordeon, als Polonaise durch die Kleingartenanlage. Alle sangen fröhlich mit.

Teil IV

Kapitel 1:

Mauerfall 1989

Ich war ich beim Wäschebügeln, dabei schaute ich mir immer aktuelle Sachen an. Ich verfolgte die Rede von Erich Mielke, er war der damalige Staatssicherheits-Chef, als er am Schluß seiner Rede verkündete: „Ich liebe Euch doch alle!" Vor Schreck ließ ich das Bügeleisen fallen. Solch ein Wirrwarr, wie in dieser Zeit ablief, war nicht mehr zu verstehen!

Anfang Oktober hatte eine gute Freundin Geburtstag, ich gratulierte ihr und sie fragte mich: „Was macht ihr denn, fahrt ihr auch heute Abend mit den bereitgestellten Zügen nach Ungarn oder Tschechien in die Botschaftsgebäude?" Ich erwiderte: „Warum sollen wir das tun, wir haben doch hier alles, was wir brauchen, na und Reisen, das brauchen wir nicht, weil wir unsere Erfüllung in unserem Schrebergarten haben." Es war nicht wahr, was im Fernsehen zu sehen war. Eine regelrechte Völkerwanderung setzte ein. Wir sahen Bilder, die wir nicht glauben konnten. Da wurden Kinderwagen über den Botschaftszaun gehoben. Die Züge waren überfüllt. Die Botschaftsgebäude anschließend auch. Es herrschten chaotische Zustände, weil keiner auf solche Menschenmassen eingestellt war. Bis eines Abends, kurz nach dem Sandmann Günter Schabowski über die Ergebnisse des Zentralkomitee-Plenums auf einer Pressekonferenz informierte.

Ganz nebenbei gab er bekannt, daß jedermann einen Reisepaß bekommen kann. „Heißt das, jeder DDR-Bürger kann jetzt sofort frei in den Westen fahren?" fragte ein Journalist. Schabowski schaute irritiert auf seinen Zettel und sagte: „Das gilt wohl ab sofort!" Jeder, der das gehört hatte, glaubte, er sei in einem verkehrten Film: „Was wurde gerade gesagt? Hat das auch seine Richtigkeit?" Nun verkündete Herr Genscher diese Botschaft, daß alle ausreisen dürfen. Unglaublich! Es war abends, bereits dunkel.

Viele Menschen machten sich auf dem Weg zu den bekannten Berliner Grenzübergängen. Die dort diensthabenden Soldaten und Offiziere glaubten, ihren Augen nicht zu trauen. Sie hatten noch nicht realisiert, was da passiert war. Die Menschenmassen hatten so zugenommen, und nach Rückfrage und um Schlimmeres zu verhindern, mußten alle Grenzen geöffnet werden. Wir saßen wie gebannt vor dem Fernseher, als wenn der spannendste Krimi lief. So etwas hatten wir noch nicht erlebt. Am nächsten Abend kam mein Ehemann später vom Dienst nach Hause. Es war ein Bild für Götter. Ein Basecap in den Nacken geschoben, zu seinem immer feinen Anzug und Sommermantel darüber, im Arm ein riesiges spielendes Kofferradio, erklärte er mir: „Ich war heute im Westen!“

Ich muß wohl sehr ungläubig geschaut haben. Er wiederholte: „Nach meinem Dienst war ich heute in Westberlin!“ Ich war nur einfach baff, mir fehlten die Worte!

Am nächsten Morgen, den 11. November 1989 klingelte es Sturm an unserer Wohnungstür.

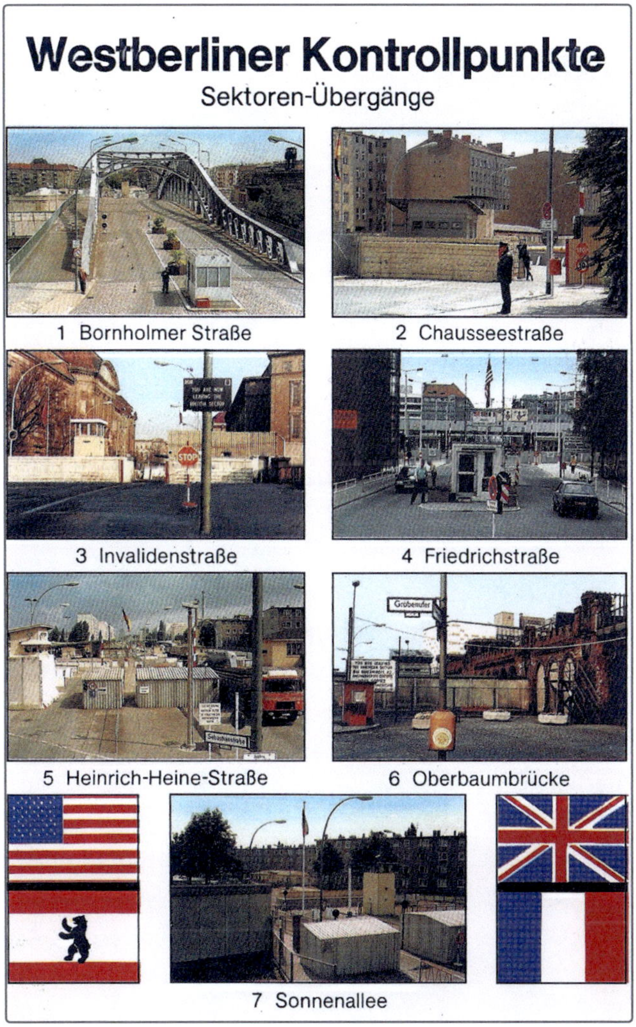

Unsere Sekretärin holte mich ab und erklärte mir: „Wir fahren heute nicht zum Dienst, wir fahren in den Westen. Ich habe gestern noch mit unserem Chef gesprochen und für dich und mich kurzfristig um einen freien Urlaubstag gebeten." Also fuhren wir mit der S-Bahn bis zur Station Jannowitzbrücke. Dort stiegen wir aus und liefen geradewegs auf einen Kollegen zu, der dort wohnte und zum Dienst fahren wollte. Im letzten Moment schoben sich noch einige Menschen dazwischen, so daß er uns nicht gesehen hatte. Uns war es offiziell von der Dienststelle auch noch nicht erlaubt, in den Westteil zu fahren. Weiter ging es zu Fuß bis zum Grenzübergang Heinrich-Heine-Straße. Von weitem sahen wir bereits eine Menschenschlange warten. Wir reihten uns ein und rutschten langsam bis zum Wachhäuschen. Der dort sitzende Offizier wollte unseren Personalausweis sehen und haute seinen Stempel auf das Bild. Oje, dachte ich, jetzt werden wir sicherlich Ärger bekommen! Ehe ich noch überlegen konnte, schoben sich die Leute gegenseitig weiter. Ich hatte auf einmal unheimliche Angst. Je weiter wir kamen, um so mehr wartete ich darauf, daß etwas Unerwartetes passieren

sollte. Vielleicht schoß gleich jemand aus dem Hinterhalt? Nein, die Menschen in den Fahrzeugen hupten wie wild, auf der Straße umarmten sich wildfremde Menschen und weinten. Wir bekamen an der nächsten Ecke jeder ein Päckchen Kaffee geschenkt, ein volles Sektglas in die Hand gedrückt. Wir wußten nicht, wie uns geschah! Weiter gingen wir erst einmal zur Sparkasse, um unser Begrüßungsgeld von 100 Mark in Empfang zu nehmen. Ich wollte mir davon einen kleinen transportablen Schwarzweißfernseher kaufen. Den habe ich dann bis zu meinem Dienstende auf jede Dienstreise mitgenommen, um immer, wo ich auch gerade war, die neuesten Nachrichten zu hören.

In einem Kaufhaus, welches am Wege lag, waren Regale bis zur Decke gefüllt, das hatte ich vorher niemals gesehen. Ich war so überwältigt, allein von diesem Anblick. Wir kamen in eine Lebensmittelabteilung, da gab es mindestens zwanzig verschiedene Sorten Würstchen, auch das war zuviel für mich. Ich entdeckte eine Bibliothek, da ich sehr gern las, ging ich dort schnurstracks hinein. Es gab Literatur, die wir nicht bekamen, dazu gehörte auch das Buch „Mein Kampf". Ich meldete mich als Leser an und bekam ohne weitere Fragen das Buch ausgeliehen. So viel Obst und Südfrüchte hatte ich auch noch nie auf einen Haufen gesehen. Wir stießen auf den Karnevalsbeginn an, genossen das Flair und liefen noch ein wenig durch die Straßen von Westberlin. Als ich dann am späten Nachmittag wieder daheim ankam, war ich nicht in der Lage, mit meinen Kindern oder meinem Fritz zu reden. Ich war so kaputt von den vielen Eindrücken und hatte unheimliches Kopfweh, daß ich mich sofort erst einmal ins Bett gelegt habe.

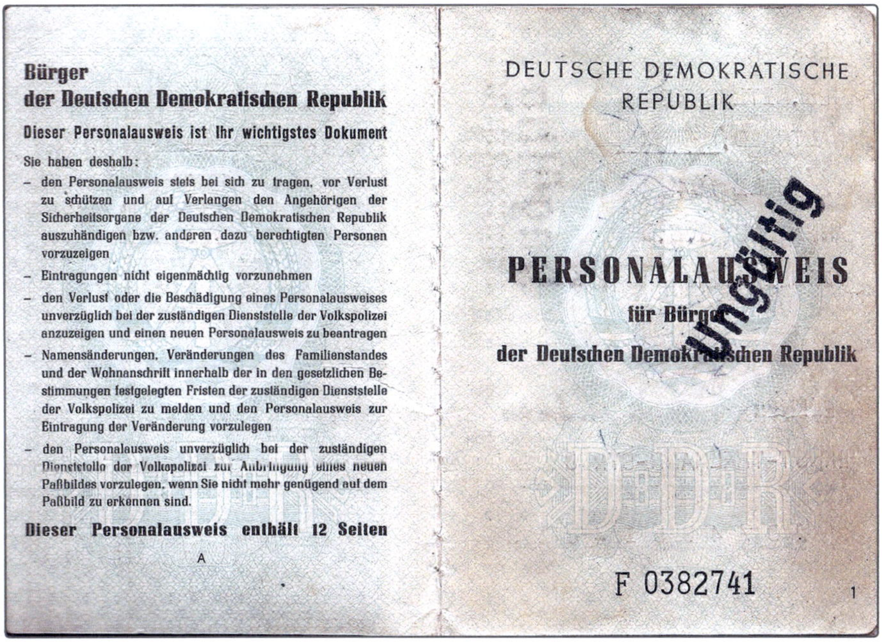

Bürger
der Deutschen Demokratischen Republik

Dieser Personalausweis ist Ihr wichtigstes Dokument

Sie haben deshalb:

- den Personalausweis stets bei sich zu tragen, vor Verlust zu schützen und auf Verlangen den Angehörigen der Sicherheitsorgane der Deutschen Demokratischen Republik auszuhändigen bzw. anderen dazu berechtigten Personen vorzuzeigen
- Eintragungen nicht eigenmächtig vorzunehmen
- den Verlust oder die Beschädigung eines Personalausweises unverzüglich bei der zuständigen Dienststelle der Volkspolizei anzuzeigen und einen neuen Personalausweis zu beantragen
- Namensänderungen, Veränderungen des Familienstandes und der Wohnanschrift innerhalb der in den gesetzlichen Bestimmungen festgelegten Fristen der zuständigen Dienststelle der Volkspolizei zu melden und den Personalausweis zur Eintragung der Veränderung vorzulegen
- den Personalausweis unverzüglich bei der zuständigen Dienststelle der Volkspolizei zur Anbringung eines neuen Paßbildes vorzulegen, wenn Sie nicht mehr genügend auf dem Paßbild zu erkennen sind.

Dieser Personalausweis enthält 12 Seiten

A

DEUTSCHE DEMOKRATISCHE REPUBLIK

PERSONALAUSWEIS
für Bürger
der Deutschen Demokratischen Republik

Ungültig

DDR

F 0382741

1

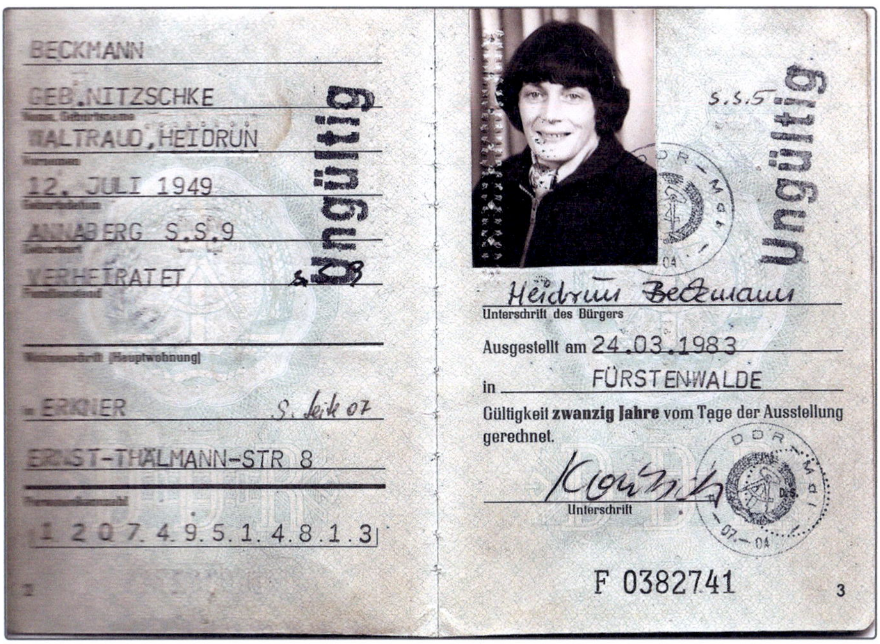

BECKMANN
GEB. NITZSCHKE
Name, Geburtsname

WALTRAUD, HEIDRUN
Vornamen

12. JULI 1949
Geburtsdatum

ANNABERG S.S.9
Geburtsort

VERHEIRATET
Familienstand

Ungültig

Wohnanschrift (Hauptwohnung)

ERKNER

ERNST-THÄLMANN-STR 8

Personenkennzahl

1 2 0 7 4 9 5 1 4 8 1 3

2

S.S.5

Ungültig

Heidrun Beckmann
Unterschrift des Bürgers

Ausgestellt am 24.03.1983

in FÜRSTENWALDE

Gültigkeit **zwanzig Jahre** vom Tage der Ausstellung gerechnet.

Unterschrift

F 0382741

3

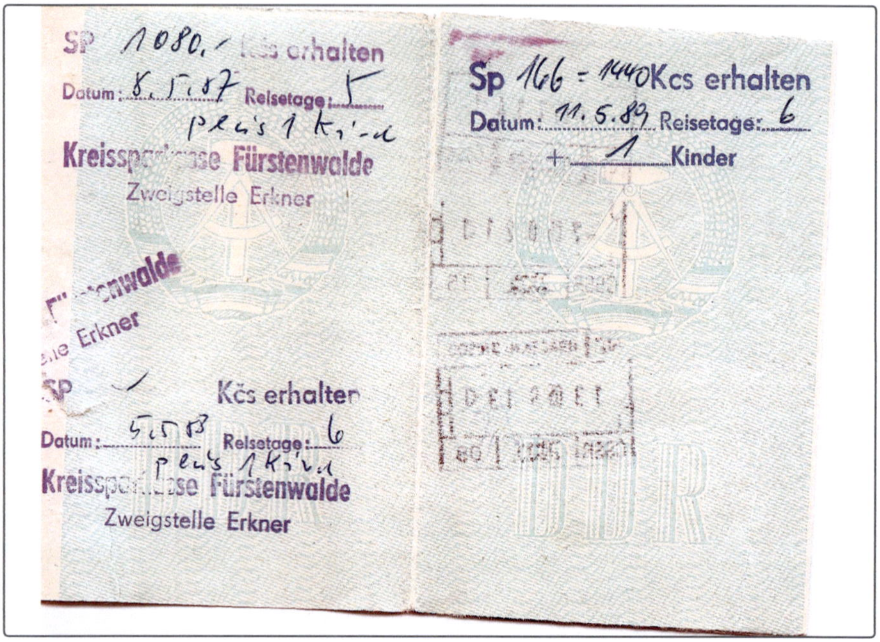
SP 1080,- Kcs erhalten
Datum: 8.5.87 Reisetage: 5
Kreissparkasse Fürstenwalde
Zweigstelle Erkner
Kcs erhalten
Datum: 5.5.88 Reisetage: 6
Kreissparkasse Fürstenwalde
Zweigstelle Erkner
Sp 166 = 1440 Kcs erhalten
Datum: 11.5.89 Reisetage: 6
+ 1 Kinder
DDR

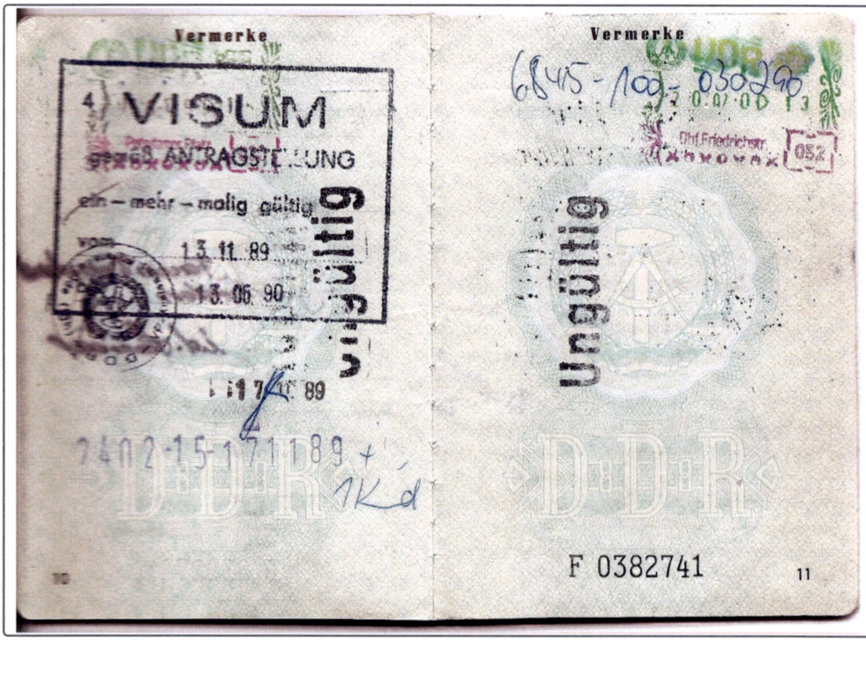
Vermerke
VISUM
ANTRAGSTELLUNG
ein – mehr – malig gültig
13.11.89
13.06.90
ungültig
2402-15-171189
DDR
Vermerke
6845-100-030290
Ungültig
DDR
F 0382741
11

Kapitel 2:

Wiedervereinigung

In der Dienststelle begann eine Verbindungsgruppe mit ihrer Arbeit. Das gesamte Personal wurde überprüft, ob eine Übernahme erfolgen kann oder nicht. An einem späten Nachmittag, Ende September, hatten einige ihr Schreiben für ihre weitere Verwendung bekommen, ich auch. Einige auch nicht, da gab es dann so manche Träne.

Jetzt habe ich auch verstanden, was meine Mutter damals immer mit dem „anders kommen" gemeint hat. Leider hat sie es nicht mehr miterlebt.

Kapitel 3:

Beamtenausbildung

Für die Übernommenen wurde es ernst, es mußte zuallererst im Schnelldurchlauf ein einmonatiger Grundlehrgang in Mannheim absolviert werden. Also fuhren wir nach Mannheim. Wo lag die Stadt überhaupt? Wie groß war sie? Ich hatte nie davon gehört!

Es war für beide Seiten totales Neuland und ungewohnt. Für uns als auch für die dortigen Dozenten. Plötzlich waren da statt Studenten gestandene Leute im Hörsaal. Die teilweise älter waren und viele, viele Fragen stellten. Das Leben in Mannheim lief ganz anders, als wir es gewohnt waren. Wir steckten unsere Nasen in die Bücher und auch in so manches Unternehmen, um möglichst viel zu profitieren. Ein Jahr später fuhren wir wieder zum dreimonatigen Aufbaulehrgang. Ich hatte mir zusätzlich neben meiner Ausbildung einen Job als Raumpflegerin in einem Unternehmen gesucht, um auch hinter die Kulissen zu schauen.

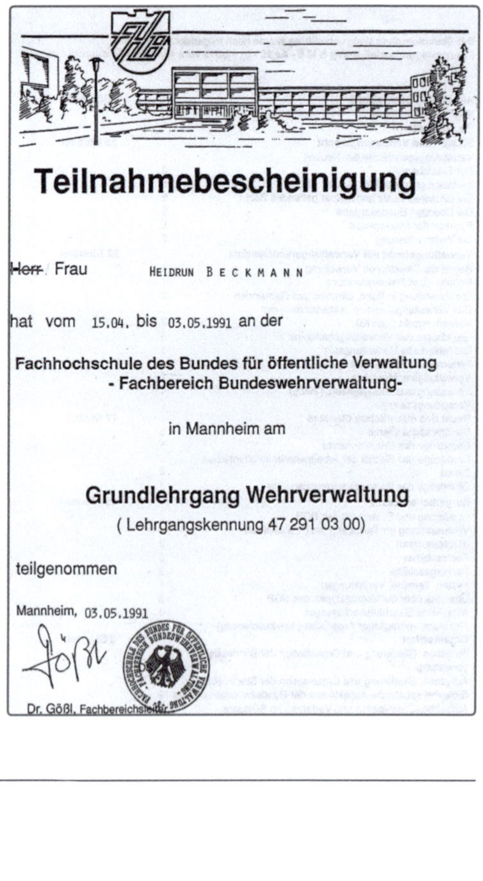

Teilnahmebescheinigung

~~Herr~~ / Frau HEIDRUN BECKMANN

hat vom 15.04. bis 03.05.1991 an der

Fachhochschule des Bundes für öffentliche Verwaltung
- Fachbereich Bundeswehrverwaltung-

in Mannheim am

Grundlehrgang Wehrverwaltung
(Lehrgangskennung 47 291 03 00)

teilgenommen

Mannheim, 03.05.1991

Dr. Gößl, Fachbereichsleiter

Ein neuer Aspekt für mich. Als ich nach meinem Wochenendurlaub wieder antreten wollte, wurde gestreikt, weil die

Mitarbeiter mit ihrer Entlohnung nicht zufrieden waren. Das kannte ich überhaupt nicht!

Auch einen sehr netten Reiseleiter, wie mein Vater einer war, habe ich in Mannheim getroffen. Da habe ich auch sehr viel von der Umgebung Mannheims kennengelernt.

Ich war als einzige Frau dabei, das hat mir sehr gefallen, das habe ich auch sehr genossen.

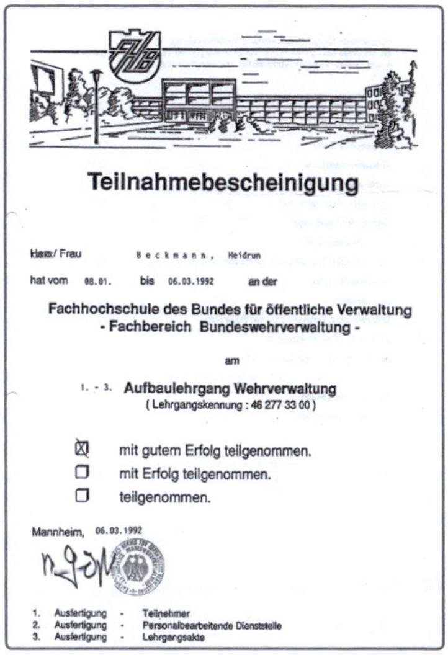

Teilnahmebescheinigung

~~Herr~~/ Frau Beckmann, Heidrun

hat vom 08.01. bis 06.03.1992 an der

Fachhochschule des Bundes für öffentliche Verwaltung
- Fachbereich Bundeswehrverwaltung -

am

1. - 3. **Aufbaulehrgang Wehrverwaltung**
(Lehrgangskennung : 46 277 33 00)

☒ mit gutem Erfolg teilgenommen.
☐ mit Erfolg teilgenommen.
☐ teilgenommen.

Mannheim, 06.03.1992

1. Ausfertigung - Teilnehmer
2. Ausfertigung - Personalbearbeitende Dienststelle
3. Ausfertigung - Lehrgangsakte

Sehr oft war ich auch in Heidelberg, die Stadt war mir vom ersten Augenblick an zugetan.

Auch in Mannheim lernte ich so manches kennen, wie den wunderschönen Paradeplatz mit dem einmaligen Stadthaus, mit seinem wunderschönen Café über der Stadt, das nur mit dem Glasfahrstuhl zu erreichen war.

Das Café Herrdegen, mit dem „Mannemer Dreck“ und den herrlich schmeckenden heißen Himbeeren mit Vanilleeis, das ich mir hin und wieder gönnte. Oder der herrliche Luisenpark, wo ich immer meine Unterlagen studiert habe.

Kapitel 4:

Mein kleiner grüner Trabbi

Immerhin hatte ich daheim eine Bestellung aus 1975 schmoren.

Gleich nach meiner ersten Scheidung hatte ich mich für einen Trabant angemeldet. Der sollte nun offiziell für fast 16.000 Mark an mich ausgeliefert werden. Ich hatte ihn damals für die Hälfte bestellt! Ich bekam meine Lebensversicherung mit 4000 Mark ausbezahlt und leistete mir davon einen gebrauchten Trabant. Da ich fast keine Fahrpraxis mehr hatte, mußte ich mich tüchtig reinknien. Aber nach einigen Fahrversuchen kam ich wieder prima damit klar. Er hatte keine Warnblinkanlage, das war aber sehr wichtig, also ließ ich ihn aufrüsten und alles Notwendige einbauen. Ich liebte meinen kleinen kiwigrünen Trabant sehr und war viel mit ihm unterwegs.

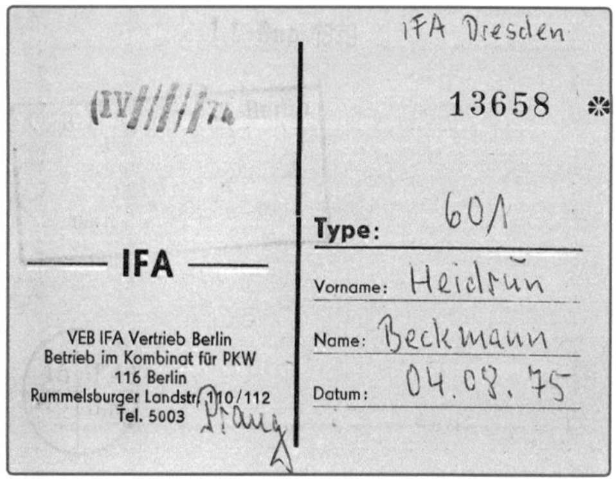

IFA Dresden

13658

— IFA —

VEB IFA Vertrieb Berlin
Betrieb im Kombinat für PKW
116 Berlin
Rummelsburger Landstr. 110/112
Tel. 5003

Type: 601

Vorname: Heidrun

Name: Beckmann

Datum: 04.08.75

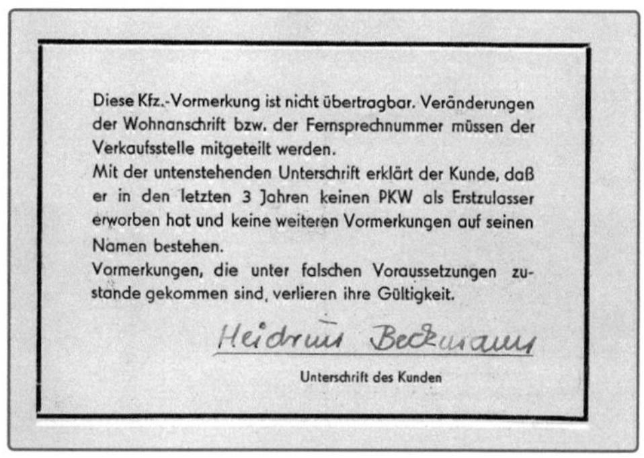

Diese Kfz.-Vormerkung ist nicht übertragbar. Veränderungen der Wohnanschrift bzw. der Fernsprechnummer müssen der Verkaufsstelle mitgeteilt werden.
Mit der untenstehenden Unterschrift erklärt der Kunde, daß er in den letzten 3 Jahren keinen PKW als Erstzulasser erworben hat und keine weiteren Vormerkungen auf seinen Namen bestehen.
Vormerkungen, die unter falschen Voraussetzungen zustande gekommen sind, verlieren ihre Gültigkeit.

Heidrun Beckmann

Unterschrift des Kunden

In Berlin hatte ich mich auch einmal verfahren und düste auf der Avus umher. Alle machten Platz für mich, damit ich auch gut und heil durchkam. Wo ich auch hinkam, wurde mein Trabbi von allen Seiten bestaunt. Einmal hatte ich den Benzinhahn vergessen aufzudrehen, da sprang er einfach nicht an. Ein anderes Mal, genau vor dem Roten Rathaus, wo die Straße sechsspurig ist, hatte ich den Choker nicht reingeschoben.

Oh, da ging er mir mitten auf der großen Kreuzung aus. Ich hatte noch einen Mitinsassen, der hielt sich krampfhaft am Gurt fest und rief: „Hat das kleine Auto denn auch eine zuverlässige Bremse?“ Oder in den Wintermonaten, da war es ganz super!

Für das Gemisch, welches ich mit meinem Zweitakter tankte, gab es auch nur eine Tankstelle. Schnell waren die Zündkerzen verrußt. Sie mußten so alle vierzehn Tage im Schneegestöber am Straßenrand gewechselt werden. Ich hatte immer Ersatzkerzen dabei.

Meine Ehe lief auch nicht mehr so, wie ich mir das vorstellte.

Eines Abends, im Alkoholrausch wurde ein Messer nach mir geworfen, das im Türrahmen steckenblieb. Fritz wollte uns vom Balkon werfen. Fluchtartig verließ ich mit meiner ältesten Tochter die Wohnung und lief zur Polizei. „Wo sind Sie denn verletzt?“ fragten die mich. „Muß ich erst meinen Kopf unter dem Arm mitbringen“, erwiderte ich. Alles wurde aufgenommen und wir gingen wieder heim. In der Dienststelle erkundigte ich mich umgehend nach einer Wohnung. Eine Woche später zog ich mit meinen beiden Kindern aus. Zwei Kollegen halfen mir, die Kinderzimmereinrichtung und meine persönlichen Sachen auszuräumen, alles andere ließ ich stehen. Wieder reichte ich die Scheidung ein und wurde noch im Oktober 1991 geschieden.

Kapitel 5:

Status quo

Oder meine glückliche Zeit mit einem verheirateten Mann. Sie dauerte genau elf Jahre. Niemals hätte ich vorher geglaubt, so etwas eingehen zu können! Wir lernten uns nach der Wende am Arbeitsplatz kennen. Er kam, wie viele Bonner Beamten, als Instruktor zu uns und sollte ein Baureferat aufbauen. Für uns, ein zusammengewürfeltes Häufchen, vom Direktor bis zur Bürokraft, alle gleichrangig eingesetzt, ziemlich schwierig. Ich erinnere mich an unseren Abteilungspräsidenten, ein herausragender Mann. Er hielt uns damals schon Vorträge, wie die Computertechnik in zehn Jahren einmal funktionieren würde. Ich staunte sehr über die Zukunftsmusik.

Nun aber zu meinem Lebensabschnittsgefährten, gleichzeitig Coach für die mit der Wende einhergehenden, neu auf uns einströmenden, diversen Lebensumstände. Entgegen der landläufigen Vorstellungen sind Mätressen keine Heimchen am Herd, die sonst keinen Mann abkriegen würden, sondern im Gegenteil: meist berufstätige Frauen, die mitten im Leben stehen und auch bei anderen Männern ankommen. Warum dann ausgerechnet ein vergebener Mann? Menschen sehnen sich gern nach dem, was sie nicht haben können. Das Verbotene, das Geheimnisvolle ist oft besonders verlockend. Es steigert den Reiz, daß er eben nicht zu haben ist. Der Zauber und die Illusion können lange erhalten bleiben. Obwohl wir den Alltag miteinander geteilt haben und auch vierzehntägig die Wochenenden. Wir lebten miteinander wie ein altes Ehepaar. Er, ein täglich mit Fliege in Erscheinung tretender, sehr gut gekleideter, sehr korrekter Beamter, ja das Arrangement paßte voll und ganz zu meinem Leben. Unabhängig bleiben, keine Verantwortung übernehmen, kurz und gut weiterleben zu können wie bisher. Warum sollte er seine Frau verlassen? Sie war stark herzkrank. Außerdem hatte er sich ein Häuschen aufgebaut und seine einzige Tochter einen verfolgten Ausländer geehelicht. Woraus später noch ein Enkelsohn hervorging. Warum also am Status quo rütteln wollen?

Kapitel 6:

Staatssicherheit

Nach dem unerwartet großen Ansturm bei der Stasi im März wird von der Berliner Gauck-Behörde der Durchzug bei der Stasi am 20./21. April 1996 wiederholt.

Eine kleine Stadt in der Normannenstraße in Berlin-Lichtenberg. Die Besucher sollten einen Eindruck von der Masse des konspirativ gesammelten Materials und des dahinterstehenden Denkens gewinnen. Auch ich war daran interessiert mir anzuschauen, wie dort gearbeitet wurde. Im Haus 7 befanden sich die Lesesäle und eine Dokumentation über Struktur und Arbeitsweise. Hier konnte Akteneinsicht beantragt werden. Ich habe auch einen solchen Antrag gestellt, weil ich überzeugt war, daß Kollegen an meiner Seite dabei waren. Die Ausstellung erinnerte daran, daß es die DDR-Bürger waren, die 1989/90 die Macht der Sozialistischen Einheitspartei Deutschlands (SED) und des Ministeriums für Staatssicherheit (MfS) gebrochen, die Aktenöffnung und dadurch die offene Auseinandersetzung mit der Vergangenheit initiiert und durchgesetzt haben.

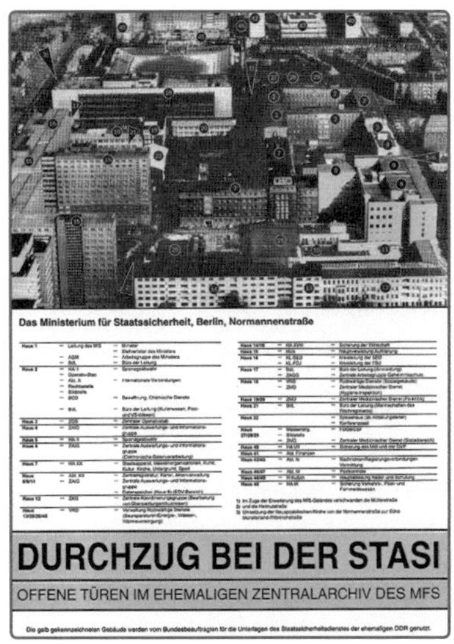

Die Besichtigung führte durch drei Säle des Zentralarchivs der ehemaligen Stasi, die einmal die Masse des Materials und zum anderen das anmaßende Denken zeigten, das aus den Mielke-Äußerungen vor seinen Generälen deutlich wird:

„Genossen, wir müssen alles wissen!“ Oder wie Mielke auf Tonbändern zu hören war: „… wenn man schon schießt, dann muß man es so machen, daß nicht noch der Betreffende wegkommt …“

Das Archiv hatte auch einen Bunker, der zwei Etagen unter der Erde hat. Erich Mielke und seine Führung wollten hier den Ernstfall überleben.

Der Zugang zu den Akten erschließt sich über Millionen von Karteikarten. Alle Anträge werden zunächst in den zentralen Karteien geprüft, die aus Gründen der inneren Konspiration mehrstufig aufgebaut sind. Die Einstiegskartei wurde auf dem Formblatt Nr. 16 angelegt, daher ihr MfS-Kürzel: F 16. Auf circa sechs Millionen Karten sind Namen, Adressen und Berufsangaben von Bürgern gespeichert. Wie wir beim Rundgang erfuhren, tragen diese Karten oben rechts das wichtigste Merkmal, die Registriernummer, für weitere Recherchen. In der Kartei F 16 ist jeder verzeichnet, für den sich das MfS einmal interessiert hat. Ehemalige MfS-Offiziere, Bautzen-Häftlinge oder andere Opfer sind in dieser Kartei erfaßt. Nicht ersichtlich ist, ob wir einen inoffiziellen Mitarbeiter (IM) oder einen operativ Bearbeiteten vor uns haben. Dies wird erst in der folgenden, getrennt geführten sogenannten Vorgangskartei deutlich. Der Klar-Name wird nicht mehr genannt, nur noch die Registriernummer. Dieser Kartei, der F 22, ist zu entnehmen, ob jemand von der Stasi bearbeitet wurde, oder hauptamtlicher oder inoffizieller Mitarbeiter war. In den Arbeitsmagazinen wurden Unterlagen aufbewahrt, die noch nicht erschlossen waren. Sie wurden 1990 unter Aufsicht der Bürgerbewegung aus den Büros der MfS-Offiziere ausgelagert. Unser Rundgang ging weiter zum Kupferkessel. Hier plante das MfS Ende der achtziger Jahre, seine Datenverarbeitungszentrale einzurichten. Die Auskleidung mit Kupfer sollte vor elektronischen Strahlungen schützen. Doch dann kam der Herbst 1989. Mitarbeiter versuchten in einer großangelegten Vernichtungsaktion, so viele Unterlagen wie möglich zu zerstören, schließlich versagten die überlasteten Reißwölfe.

Angehörige der Bürgerbewegung haben über hundert durchgebrannte Reißwölfe allein in diesem Haus gezählt. Die MfS-Offiziere zerrissen nun die Unterlagen von Hand, verstauten die Schnipsel in Säcken und lagerten diese hier, bis sie zur endgültigen Vernichtung abgeholt würden. Etwa 17.000 Säcke lagen so allein hier in Berlin. Solch eine riesige, fast zugeschichtete und zugestellte Halle hatte ich vorher noch nicht gesehen. Über den Säcken in einer nicht enden wollenden Regalwand bis zur Decke befanden sich dicht nebeneinandergereiht eine Vielzahl von Gläsern,

DER BUNDESBEAUFTRAGTE
für die Unterlagen des Staatssicherheitsdienstes
der ehemaligen Deutschen Demokratischen Republik

Ergänzender Hinweis zur Identitätsbescheinigung:

Sofern die Identität auf der Rückseite des Antrags durch die Landesbehörde bescheinigt werden soll, vorher bitte nur die Felder 1.1. bis 1.3. ausfüllen! Weiteres Ausfüllen des Antrags erst nach Erteilung der Bescheinigung.

Hinweise
zum
Antrag auf Auskunft, Einsicht sowie Herausgabe von Kopien aus Unterlagen des Staatssicherheitsdienstes der ehemaligen Deutschen Demokratischen Republik

Sehr geehrte Mitbürgerin, sehr geehrter Mitbürger!

Der Bundestag hat mit Zustimmung des Bundesrates das Gesetz über die Unterlagen des Staatssicherheitsdienstes der ehemaligen DDR (nachfolgend StUG) beschlossen.

Dieses Gesetz regelt die Erfassung, Erschließung, Verwaltung und Verwendung der Unterlagen des Ministeriums für Staatssicherheit und seiner Vorläufer- und Nachfolgeorganisationen (Staatssicherheitsdienst) der ehemaligen Deutschen Demokratischen Republik, um insbesondere

1. dem einzelnen Zugang zu den vom Staatssicherheitsdienst zu seiner Person gespeicherten Informationen zu ermöglichen, damit er die Einflußnahme des Staatssicherheitsdienstes auf sein persönliches Schicksal aufklären kann,
2. den einzelnen davor zu schützen, daß er durch den Umgang mit den vom Staatssicherheitsdienst zu seiner Person gespeicherten Informationen in seinem Persönlichkeitsrecht beeinträchtigt wird,
3. die historische, politische und juristische Aufarbeitung der Tätigkeit des Staatssicherheitsdienstes zu gewährleisten und zu fördern.

Jeder einzelne hat das Recht, vom Bundesbeauftragten Auskunft darüber zu verlangen, ob in den erschlossenen Unterlagen Informationen zu seiner Person enthalten sind. Ist das der Fall, hat der einzelne das Recht auf Auskunft, Einsicht in Unterlagen und Herausgabe von Unterlagen nach Maßgabe dieses Gesetzes.

Jeder einzelne hat weiterhin das Recht, die Informationen und Unterlagen, die er vom Bundesbeauftragten erhalten hat, im Rahmen der allgemeinen Gesetze zu verwenden.

Durch die Auskunftserteilung, Gewährung von Einsicht in Unterlagen oder Herausgabe von Unterlagen dürfen überwiegende schutzwürdige Interessen anderer Personen nicht beeinträchtigt werden.

Der Antrag auf Auskunft, Akteneinsicht bzw. Herausgabe von Unterlagen ist schriftlich zu stellen. Um eine rasche Antragsbearbeitung zu sichern, verwenden Sie bitte den anliegenden Vordruck.

Als notwendige Ergänzung zum Antrag ist gesetzlich vorgeschrieben, daß Sie eine von Ihrer zuständigen Landesbehörde (z.B. Landeseinwohneramt bzw. Polizeidienststelle) ausgestellte Identitätsbescheinigung beifügen. Sie können sich die Angaben zur Person jedoch auch auf der Rückseite des Vordruckes von Ihrer zuständigen Behörde bestätigen lassen. Wenn Sie als Bevollmächtigter handeln, ist neben der Identitätsbescheinigung des Vertretenen außerdem eine Vertretungsvollmacht vorzulegen.

Mit diesem Merkblatt erhalten Sie zwei Exemplare des Antrages zur Einsicht in die Akten des Staatssicherheitsdienstes der ehemaligen DDR. Das erste Exemplar des Antrages ist für die Bearbeitung durch die Behörde des Bundesbeauftragten für die Akten des Staatssicherheitsdienstes der ehemaligen DDR bestimmt, das zweite Exemplar verbleibt bei Ihnen.

Die Erhebung der Daten beruht auf den Vorschriften des 3. Abschnitts des StUG (§ 12ff. StUG).

Bundesdruckerei 2. 92

DER BUNDESBEAUFTRAGTE
für die Unterlagen des Staatssicherheitsdienstes
der ehemaligen Deutschen Demokratischen Republik

BStU · Postfach 2 18 · 10106 Berlin

Frau
Heidrun Beckmann
Wriezener Str. 27

15344 Strausberg

Ihr Zeichen, Ihre Nachricht vom	(Bitte bei Antwort angeben) Mein Zeichen, meine Nachricht vom	☎ (0 30)	Berlin
20.04.1996	AU I.5.05-019718/96 Z	22 41 - 82 32	08. Aug. 1996

Verwendung personenbezogener Unterlagen des Staatssicherheitsdienstes der ehemaligen Deutschen Demokratischen Republik
Ihr Antrag vom 20.04.1996

Sehr geehrte Frau Beckmann,

die Recherchen in den Karteien des Staatssicherheitsdienstes auf Grund Ihres Antrages haben ergeben, daß Sie vom Staatssicherheitsdienst der ehemaligen Deutschen Demokratischen Republik mit Ihren Personalien erfaßt wurden. Diese Erfassung deutet darauf hin, daß Unterlagen zu Ihrer Person vorhanden sein können.

Ich bin bemüht, Ihnen so schnell wie möglich Zugang zu den Unterlagen zu gewähren.
Auf Grund der Vielzahl der vorliegenden Anträge ist jedoch mit einer Wartezeit zu rechnen.
Bitte haben Sie dafür Verständnis. Sobald die evtl. zu Ihrer Person vorhandenen Unterlagen für die Einsichtnahme aufbereitet sind, setze ich mich wieder mit Ihnen in Verbindung.

Mit freundlichen Grüßen

im Auftrag

Schumacher
Schumacher

sogenannte Geruchskonserven, in denen auf gelben Tüchern der Körpergeruch von Menschen aus dem Intimbereich konserviert und versiegelt worden war, damit bei einer Beweissicherung oder Fahndung die Hunde darauf angesetzt werden konnten. Spätestens da, es waren inzwischen zwei Stunden vergangen, brach ich vor immenser Übelkeit meine Besichtigung ab und mußte dringend an die frische Luft.

Einen Monat später erhielt ich die Eingangsbestätigung meiner Anfrage. Drei Monate später erhielt ich ein Antwort auf meine Anfrage. (Siehe Seite 162.)

Dann nach weiteren drei Jahren bekam ich dieses Schreiben. (Siehe folgende Seiten.)

Mein Lebensabschnittsgefährte kaufte sich aus Stasi-Bestand für 4000 Mark einen weißen Lada. Ich bekam einen nagelneuen Kühlschrank aus der Normannenstraße, den ich mit meinem kleinen grünen Trabbi nach Hause transportierte.

In meiner Dienststelle wurden die Offizierheime der ehemaligen Nationalen Verteidigung aufgelöst, das dort existente sehr gute Porzellan wurde ebenfalls zu Spottpreisen verhökert. Auch ich bekam davon ein paar Teile günstig.

DER BUNDESBEAUFTRAGTE
für die Unterlagen des Staatssicherheitsdienstes
der ehemaligen Deutschen Demokratischen Republik

BStU · Postfach 2 18 · 10106 Berlin

Frau
Heidrun Beckmann
Wriezener Str. 27

15344 Strausberg

Ihr Zeichen, Ihre Nachricht vom	(Bitte bei Antwort angeben) Mein Zeichen, meine Nachricht vom	☎ (0 30)	Berlin
20.04.1996	AU I.5-019718/96 Z Herr Thalheim	23 24 - 93 24	28.09.99

Verwendung personenbezogener Unterlagen des Staatssicherheitsdienstes der ehemaligen Deutschen Demokratischen Republik
Ihr Antrag vom 20.04.1996

Sehr geehrte Frau Beckmann,

Sie haben Zugang zu den Unterlagen des Staatssicherheitsdienstes der ehemaligen Deutschen Demokratischen Republik beantragt, die möglicherweise zu Ihrer Person vorhanden sind.

Die Recherchen in den Karteien der Zentralstelle Berlin sowie der Außenstellen Frankfurt Oder und Berlin haben ergeben, daß Sie seit dem 18.03.1981 durch den Staatssicherheitsdienst in "VSH-Karteien" ("Vorverdichtungs-, Such- und Hinweiskartei") erfaßt waren.

Für die verschiedenen Diensteinheiten des ehemaligen Staatssicherheitsdienstes war die VSH-Kartei ein "einheitlicher Auskunftsspeicher ..., über den der Zugriff zu allen durch die jeweilige Diensteinheit gespeicherten Informationen zu Personen zu gewährleisten ist" (Dienstanweisung 1/80 des MfS).

Die VSH-Karteien wurden dezentral von allen operativen Diensteinheiten des Staatssicherheitsdienstes in ihrem Verantwortungsbereich geführt und waren ein manueller Informationsspeicher zur Erfassung aller Personen, über die Informationen vorlagen.

Die Sammlung von Informationen zur Person bestand in vielen Fällen darin, daß diese Informationen auf der Erfassungskarteikarte vermerkt und gegebenenfalls laufend ergänzt wurden. Beim Anfall von operativ interessantem Schriftmaterial wurden Handakten angelegt und in einer "Zentralen Materialablage" (ZMA) der jeweiligen Diensteinheit abgelegt. Diese Handakten waren ständig zugriffsfähig und konnten je nach Bedarf im Verlauf der Auswertung der anfallenden Informationen aktualisiert oder vernichtet werden.

Die Erfassung Ihrer Person erfolgte durch:

- das BDL (Büro der Leitung), (Anlage 1u.2)

Das BdL war zuständig für die Dienstorganisation im MfS, einschließlich der Koordinierung der Eingabenarbeit, sowie für den Besucherverkehr und das Fremdpersonal.

- die HA II/Abt. 1 (Anlage 3)

Die HA (Hauptabteilung) II war zuständig für die Aufdeckung und Abwehr geheimdienstlicher Angriffe gegen die DDR ("Spionageabwehr").
Die Abteilung 1 war zuständig für die innere Sicherheit des MfS:

- und die HA I/MFNV (Anlage 4)

Die HA (Hauptabteilung) I war zuständig für die Abwehrarbeit in der Nationalen Volksarmee (NVA) und den Grenztruppen der DDR.
Die Abteilung MFNV (Ministerium für Nationale Verteidigung) war zuständig für die Organisation und Durchführung der politisch-operativen Abwehrarbeit im Ministerium für Nationale Verteidigung.

Da die Karteikarten von den verschiedenen Diensteinheiten des MfS nicht einheitlich geführt wurden, sind heute nicht mehr alle Vermerke und Abkürzungen deutbar.

Zu folgender Abkürzung kann ich Ihnen jedoch die Bedeutung mitteilen:

HA KuSch
Die HA KuSch (Hauptabteilung Kader und Schulung) war zuständig für die zentrale Planung, Gewinnung, Einstellung, Betreuung sowie Aus- und Weiterbildung der hauptamtlichen Mitarbeiter des MfS. Des weiteren wurden auch Personen mit Bezug zu einem hauptamtlichen Mitarbeiter erfaßt (Familienangehörige, Bekannte, Personen mit zufälligen Kontakten).

Abt. XII
Die Abteilung XII war zuständig für die Erfassung und Registrierung von Personen und Objekten in den zentralen Karteien sowie für die Archivierung des Schriftguts des MfS.

OvD = Offizier vom Dienst
SBW = Selbstbewerber
MBW = Militärbauwesen – Unterabt. der HA I zur „politisch-operativen Siecherung“ des Militärbauwesens der NVA
DE = Diensteinheit

Kopien der aufgefundenen Karteikarten sind zu Ihrer Information beigefügt.

Weiterführende Recherchen unter Verwendung der auf der Karteikarte vorhandenen Signaturen und Vermerke ergaben, daß dazu im derzeit erschlossenen Bestand keine Unterlagen vorhanden sind.

Ich möchte Sie darauf hinweisen, daß sich diese Auskunft auf die bisher erschlossenen Unterlagen des Staatssicherheitsdienstes bezieht. Es ist jedoch nicht auszuschließen, daß bei den weiteren Erschließungsarbeiten noch Unterlagen zu Ihrer Person aufgefunden werden könnten.

Wegen der hohen Anzahl der vorliegenden Anträge kann ich den jeweiligen Antragsteller leider nicht über neu aufgefundene Unterlagen unterrichten. Sie können sich aber in etwa zwei Jahren - die Erschließungsarbeiten werden inzwischen kontinuierlich fortgesetzt - zur Ergänzung dieser Auskunft unter Angabe des obengenannten Geschäftszeichens erneut an mich wenden.

im Auftrag

Graef

Anlagen
Kopien der Karteikarten

Anl. 1

B e c k m a n n	
Name	Erf. in Inf.-Speicher/Erf.-Nr.
	417/81 OvD
Geburtsname	Ablage
weitere Namen	DOKNR/PI
Heidrun	OvD Olt. Zietlow
Vorname	Diensteinheit/Mitarbeiter
12.07.49 Annaburg	18.03.1981,09.33
geb. am in	Erfaßt am
1071 Berlin	
Wohnanschrift	F 402 am
Kogler Straße 8	
	an
Studentin	
	Schlagwort/Kurzfassung – SV/ Maßnahmen/Entscheidungen (auch Rückseite benutzen)
SBW	

401 O

Möchte sich als Sachbearbeiterin bewerben.

Abt. XII nicht erfaßt.

Kommt am 19.3.81, 09.30 Uhr in Anmeldung

HA KuSch und Anmeldung verständigt.

Erfaßt: Abt. 1 A/A - Selbstbewerber - 19.03.81
Bearbeitung: HA KuSch, Gen. Scharschmidt

Kapitel 7:

Segeltörns

Ich erlebte insgesamt vier herrliche, einwöchige Segeltörns in der Adria, das Schönste, was ich bis dahin kennengelernt hatte.

Ich erinnere mich an unseren ersten gemeinsamen Segeltörn vom 21. bis 28. August im Jahre 1993. Treffpunkt war die Autobahnabfahrt Bernau. Für uns völlig fremde Leute, ein Ehepaar aus Pasewalk, wollten uns beide mit ihrem Pkw und unserem Gepäck bis ins ferne Italien mitnehmen. Sage und schreibe 1246 Kilometer. Die Unbekannten waren ganz patente Leute. Punkt 18 Uhr ging die Fahrt los.

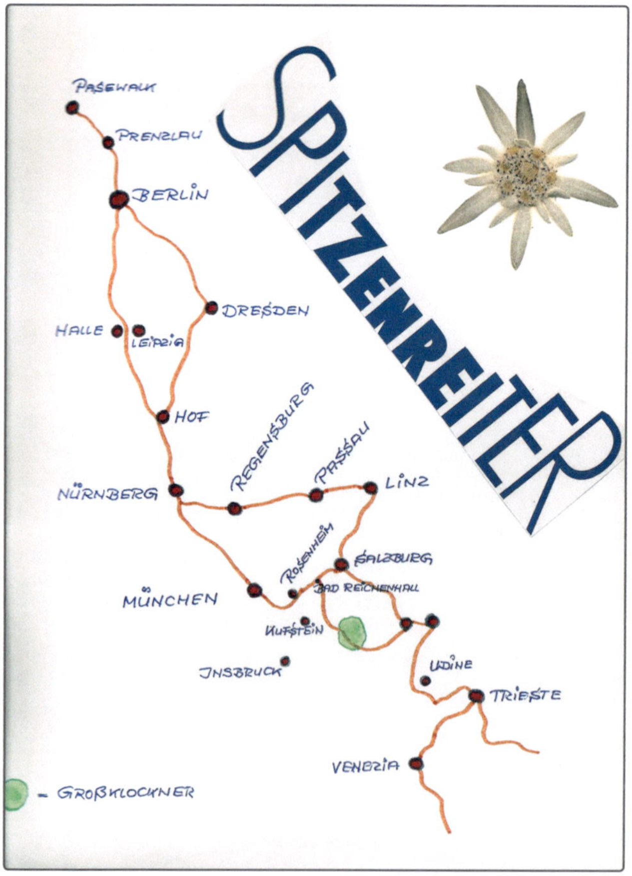

Durchschnittsgeschwindigkeit 140 km/h bei gerader Autobahn sogar 190 km/h. Das war etwas für mich. Wir mußten auch die Alpen überqueren. Leider war alles nur scheinbar zu erkennen. Unbeschreiblich fand ich die vielen Tunnels (unheimlich lange). Ben, unser Fahrer, durchfuhr sie mit einer Durchschnittsgeschwindigkeit von 120 km/h. Nach zwölfstündiger Fahrt waren wir am Liegeplatz der „Gib Sea“ in Cervignano. Es war kurz vor sechs Uhr morgens und alles war verschlossen. Italien schlief noch! Wir vertrieben uns die Zeit, indem wir das Gelände erkundeten. Wir unternahmen eine Stadtbesichtigung und fanden schließlich eine Bar. Dort tranken wir einen erfrischenden Espresso und einen Cappuccino, dazu aßen wir Croissants. Typisch italienisch flogen die gewaschenen Teller vom Geschirrspüler auf einen Stapel auf dem Tresen. Anschließend trafen wir unseren Skipper Kurt, sowie noch ein weiteres Ehepaar, die Sabine und den Rudolf, die mit uns segeln wollten. Sie hatten unterwegs in der Gaierpension in Österreich noch Station gemacht. Nun war die Sieben-Mann-Crew bereit zum Einchecken.

Nun ging es zu einem Weingut. Wir probierten verschiedene Weine und nahmen schließlich 12 bis 15 Liter mit. Einbunkern nennt man das auch! Dann kauften wir noch alle zusammen Lebensmittel in einem Supermarkt ein. Alles wurde an Bord gebracht und das Kommando „Leinen los“ folgte. Wir mußten uns beeilen, weil mittags der Wasserstand der Aussa – so hieß dort der Fluß zur Adria – ein Auslaufen nicht mehr möglich machte. Eine Art Ebbe und Flut. Wir hatten endlich die Adria erreicht und schipperten Richtung Caorle. Nach kurzer Stadtbesichtigung ging die Fahrt weiter zur Marina nach

Venedig. Traumhaft, was sich dort alles auf dem Wasser abspielte. Es herrschte reger Verkehr. Wie auf den Straßen Berlins Busse und Autos fahren, fuhren hier jede Menge Wasserbusse, Wassertaxis und Gondeln umher.

Es war wieder Landgang angesagt. Da wir alle großen Durst hatten, gingen wir sofort in das erstbeste Restaurant. Bei einem Maßkrug Bier genossen wir die herrliche Abendstimmung in Venezia.

Als wir die Rechnung bekamen, staunten wir alle nicht schlecht. Ein Bier kostete umgerechnet elf Mark. Das Besteck zum Essen bekam man immer eingepackt in kleinen Tütchen – sehr hygienisch, wie ich fand. Am nächsten Tag schauten wir uns den berühmten Markusplatz mit San Marco, eine der am schönsten und reichsten ausgestatteten Kirchen Europas, sowie die Seufzerbrücke, die die Ponte dei Sospiri mit dem Dogenpalast verbindet, an. Der Dogenpalast ist wegen der Einmaligkeit seiner Architektur als auch wegen seiner an Kunstschätzen reichen Innenausstattung weltberühmt. Den 95 Meter hohen, weithin gut sichtbaren Campanile. Dort konnte man Taubenfutter kaufen und regulär die Tauben füttern. Der Lagunenort Murano, der für sein Glas berühmt ist, verteilt sich auf fünf kleine Inseln, getrennt durch den Canale Grande und anderen kleinen Kanälchen. Wir verliefen uns abends in den zahlreichen kleinen Gäßchen. Alles sah sehr ähnlich aus. Es war schwierig zurück, zur Marina zu gelangen. Die Marina Albarella war unser östlichstes Ziel in der Pomündung. Bis wir dorthin gelangten, waren wir auf eine Sandbank festgefahren. Unseren Skipper hatte der süße Wein auch etwas außer Gefecht gesetzt. Ich war daran schuld, weil ich immer die Luft aus den Gläsern lassen mußte. Was der Skipper anordnet, hat jedes Crewmitglied zu erfüllen. Schließlich kamen wir doch noch heil und ohne größere Schäden zur Marina. Dort erlebten wir ein kräftiges Gewitter. Auf der Rücktour wurde in Lido de Jesolo angelegt. Wir erlebten eine Bora mit Windstärke sechs. Unsere Ärztin Sabine wurde von der Seekrankheit so übermannt, daß sie nur noch am Schiffsboden liegend den Wassereimer umarmte. Ihr dickes Lesebuch über die deutsche Geschichte war arg in Mitleidenschaft gezogen worden. Alle Crewfamilien bekamen als Abschiedsgeschenk ein kleines Delphinchen mit auf den Weg. Ich hatte diese Delphinchen zuvor beim Versandhaus Quelle bestellt und eine Stunde vor unserer Abfahrt wurden sie ausgeliefert. Welch ein Glück!

Übrigens habe ich heute noch mein Delphinchen „Isidor" im Auto sitzen. Solche Tour wollten wir alle unbedingt wiederholen.

Drei Jahre später klappte es wieder einmal mit einem Törn. Nachdem wir Christina gut in Mannheim versorgt wußten, ging die Autofahrt weiter nach Günzburg. Dort machten wir Rast im Hotel „Goldene Traube". Wir hatten ein Zimmer mit Trockenbalkon. Günzburg hatte viele Fachwerkbauten und wunderschöne Gäßchen mit viel Leben bis 23 Uhr abends. Auch einen Springbrunnen als Pusteblume gestaltet, ich fand es einfach toll. Weiter ging die Fahrt, bis hinter München, nach Haag. Es folgte ein Abstecher nach Bad Feilnbach. Weiter ging die Fahrt auf der Felbertauernstraße, mit riesigen Tunnels, die nicht enden wollten. Dann durch Udine, hatten wir endlich Cervignano erreicht. Wir waren bereits einen Tag eher in Cervignano und durften mit an Bord des neuen Bootes. An diesem Abend lernten wir Marina, die Freundin von Kurt, kennen und gingen alle zusammen in ein herrlich gelegenes Restaurant in Aquileila essen. Ein wunderschöner Abend! Am nächsten Morgen standen Rita und Rainer auf der Matte. Es war ein Unternehmerehepaar, die testen wollten: „Kaufen wir ein Segelboot oder ein Motorboot?" Marina war wieder Richtung Heimat gefahren und wir, die Crew von fünf Leutchen, kauften ein, verkosteten Wein, und los ging die Katastrophen-Tour am 3. August 1996, diesmal Richtung Istrien, die Perle der Adria. Beim Anlegen in Novigrad passierte dem Rainer ein Mißgeschick, er war abgerutscht und fiel zwischen Boot und Kai ins Wasser. Mit ein paar Schürfwunden kam er davon. Der Ort ist vor allem bei Seglern beliebt. Sehenswert sind unter anderem die Stadtmauern aus dem 13. Jahrhundert. In der Weinschenke am Hafen werden Olivenöl und Weine in mitgebrachte Flaschen gefüllt. Hier haben wir auch Geld getauscht, die Stadt besichtigt und waren ein bißchen shoppen. Am nächsten Tag fuhren wir weiter zur Veruda-Bucht, auch Rote Bucht genannt, kurz vor der Stadt Pula gelegen. Wir verbrachten den ganzen Tag bei wunderschönem Wetter, türkisfarbenem, glasklaren Wasser und Sonnenschein pur in dieser Bucht. Zum ersten Mal habe ich Seegurken auf dem Meeresgrund gesehen und bin zu ihnen hinuntergetaucht. Einfach traumhaft!

Am nächsten Tag segelten wir vorbei am Iwan, ein Leuchtturm mitten im Wasser, nur vom Leuchtturmwächter bewohnt, weiter über den Kvarner nach Unije. Dort legten wir nicht an, sondern lagen auf Reede. Ungefähr fünfzig Meter waren bis an Land zu schwimmen.

Unser Fußabtreter war auch tüchtig naß geworden und ich hängte alles zum Trocknen auf. Was ich nicht sah? Alles tropfte auf Rainers Handy, welches am offenen Kojenfenster lag. Nun war ich die Katastrophen-Heidi, weil das Handy keinen Piep mehr von sich gab. Nachmittags ging die Fahrt bei leichtem Gewitter und viel Regen weiter um die Insel Susak. Dort startete unser Skipper mit uns eine unerwartetes Manöver: „Mann über Bord“. Dann ging die Fahrt wieder zurück über Losinj zur Veruda-Bucht und nach Rovinj. Auch dort lagen wir wieder auf Reede und mußten mit dem Dingi zwischen dem Riffgestein an Land paddeln. Dort angekommen, ging es Pizza essen (Ritas Pizza war schwarz) und dabei Ansichtskarten schreiben.

Unser Skipper legte noch mal in Vrsar an und machte darauf aufmerksam, die bis dahin nicht ausgegebenen Kuna hier beim letzten Landgang in Kroatien zurückzutauschen, weil wir noch zur italienischen Seite, nach Lignano segeln wollten.

Beim Rücktausch war Rita total sauer, weil sie die Kuna nicht 1:1 gegen D-Mark zurückbekam. Der Bootssegen hing nun völlig schief! Von Lignano segelten wir bei wunderschönem Wetter vorbei an der Insel Grado, wieder zum Stamm-Liegeplatz nach Cervignano. In Gedanken war ich bei unserem ehemaligen Referatsleiter, der seinen Urlaub in Grado verleben wollte und abends zuvor, neben seinem gepackten Koffer, im Fernsehsessel in seiner Unterkunft eingeschlafen war.

Ein Jahr später, mit Beginn des Wonnemonats Mai im Jahre 1997 fuhren wir mit dem Auto bis nach München, ließen das Auto in der Dienststelle im Olympiapark stehen und fuhren mit der S-Bahn weiter nach Bad Feilnbach. Skipper Kurt nahm uns in viereinhalb Stunden mit nach Cervignano, um das Boot klarzumachen. Nach dem Einkaufen liefen wir aus in Richtung Poreč und lagen dort vor Anker. Am nächsten Tag ging die Fahrt weiter nach Pula, dabei habe ich zwei mit unserem Segelboot mitschwimmende Delphine gesehen. Die Fahrt endete in einer Bucht der Insel Susak. Nachts überraschte uns eine Bora. Am nächsten Morgen ging die Fahrt von Susak weiter zur Insel Premuda. Dort machten wir Mittagspause in einer wunderschönen Bucht bei strahlendem Wetter. Dreimal war ich dort im herrlich klaren Wasser. Kroatien steht auch für die zergliedertste Küste im Mittelmeerraum, mit unzähligen Inseln und Inselchen, eines der saubersten und mediterranen Meere, die eindrucksvollsten Reliefformen im Karst, die größten Kalktuffbarrieren.

Weiter ging es durch die romantische Inselwelt bis zur Insel Premuda. Vorbei an Titos ehemaliger privater Insel, und hin und wieder sah ich eine betonierte U-Boot-Einfahrt. Hochinteressant!

Alle Inseln waren mit Macchia – eine Art Lorbeerbüsche – bewachsen und mit Olivenhainen, Feigenbaumen und Weinbergen bebaut. Die Luft duftete! In Höhe der Insel Škarda waren wieder sechs Delphine zu sehen. Die Tagesfahrt endete in der Bucht bei Bribinj. Von der Bribinj-Insel – Dugi Otok, die von weitem einer liegenden Frau ähnelte und in Höhe der Stadt Zadar lag – schipperten wir weiter durch die Inselwelt der Kornaten.

Einsame Spitze! Wir fuhren bis zur Bucht Lavsa. Urplötzlich aus heiterem Himmel kam ein Schirokko auf. Das ist ein warmer Südostwind aus der Sahara. Er dauert immer drei, fünf, sieben oder neun Tage. Ein ungeheuerliches Pfeifen liegt in der Luft, wir konnten uns kaum auf den Beinen halten. Wir waren auf dem Weg nach Dubrovnik, um nach Korfu, der Königin der ionischen Inseln, zu gelangen. Von dort aus hatte ich den Rückflug gebucht. Daraus wurde nun nix! Wir waren in der Lavsa Bucht nicht sicher und schipperten hinter Vrulje in eine Bucht bei Modri Bok. Dort verbrachten wir bei heftigstem Schirokko die Nacht. Auch am nächsten Tag hatte sich der Wind immer noch nicht gelegt. Es war keine Weiterfahrt möglich! Als sich nach zwei Tagen alles ein kleines bißchen beruhigt hatte, traten wir die Rückfahrt nach Katina an. Das war eine vier Meter breite Riffenge, die wir mit unserem Segelboot unbeschadet überqueren mußten, um zurück zur Bribinj-Bucht zu gelangen. Und das bei tüchtigem Wellengang! Mir war das Herz in die Hose gerutscht und ich wollte „Save Our Souls“ funken, entschied mich dann aber für eine Flaschenpost. Von dort aus ging es zur dalmatinischen Insel „IZ“. Der Schirokko hatte sich immer noch nicht ganz beruhigt. Also fuhren wir mit dem Dingi an Land Scampis essen und Wein trinken. Wir lagen nun günstig in einer geschützten Bucht und blieben

auch noch dort. Am nächsten Morgen kauften wir auf der Insel Brot ein, und ich ging zum Hafenmeister in der Marina und stornierte, per Fax, unseren gebuchten Rückflug in Korfu. Einen Tag später fuhren wir weiter zur Bucht Veli Rat, links von der Spitze der Insel Dugi Otok. Kurz davor lag ein Wrack, wenn der Wind dort durchpfiff, glaubte ich nachts die ertrunkenen Seeleute jammern zu hören – furchterregend! Dann ging die Fahrt vorbei an der Inselwelt: Molat – Ist – Škarda – Premuda – Silba – Greben-Inseln nach SV Petar bis nach Ilovik. Ein wunderbares Abendessen dort tröstete uns wieder. Am nächsten Morgen starteten wir wieder von Ilovik vorbei an Losinj nach Susak und sahen wieder Delphine. Wir segelten um die Insel Susak herum und entdeckten eine geschützte Bucht gegen Bora. Weiter ging die Fahrt über den Kvarner zur Veruda-Bucht. Wir erlebten eine interessante Dingifahrt zum Abendessen mit einem unerreichbaren Anlegesteg. Die rote Insel hielt uns gefangen, nach dem Baden ging es weiter nach Poreč, in eine wunderschöne Marina.

An den Stränden der 8000-Einwohner-Stadt sind viele neue Hotels entstanden. Deshalb ging es in den engen Gassen zuweilen hektisch zu. Die Euphrasius-Basilika aus dem sechsten Jahrhundert mit ihren prachtvollen Mosaiken und dem Glockenturm gehört zum Weltkulturerbe der UNESCO. Einkaufsbummel und Abendessen ließen den Tag ausklingen. Umag, das bekannte Fremdenverkehrszentrum in Istrien, unser letztes Ziel vor Cervignano, wo wir für diese Segeltour ausklarierten. Fazit: „Segeln ist die Kunst, naß und krank zu werden, um mit hohen Ausgaben, langsam nirgendwohin zu treiben."

Kapitel 8:

Reichstagsverhüllung

Anfang der 1990er Jahre, gleich nach dem Fall der Mauer, begannen Christo und Jeanne-Claude mit ihrem Team mit der Realisierung ihres Projektes: verhüllter Reichstag.

Der verhüllte Reichstag sollte nach der Wende das Denken der Berliner darstellen. Ein Paradebeispiel für einen Neuanfang.

Hier stehe ich mit meinem Onkel Werner am Reichstagsgebäude.

Kapitel 9:

Frauenbeauftragte

Die Geschichte entwickelte sich, als ich in der Vorprüfungsstelle als Prüferin tätig war. Auf Anraten vom Verband der Beamten der Bundeswehr (VBB) ließ ich mich mit als Gegenkandidatin aufstellen. Für mich nur eine Formalität, denn Aussicht auf einen Gewinn hatten ganz andere. Dann fuhren wir zur Fachaufsichtsprüfung nach Dresden. Ich hatte dort bei meiner Ankunft erfahren, daß meine langjährige gute Bekannte, die Erni, der ich immer noch sporadisch von irgendwo einmal eine Ansichtskarte geschrieben hatte, bereits seit einiger Zeit verstorben war. Sie konnten mir keine Info geben, weil niemals ein Absender darauf stand, schilderte mir eine Nachbarin. Mein Vater lebte seinerzeit auch noch in Dresden. Er war mit einer Nachbarin liiert, die ihn versorgte.

Zur Halbzeit der Prüfungshandlungen saßen wir gemütlich zum Abendessen in der Backstube des Restaurants am Breidscheidplatz, unweit des Wohnheimes, wo wir untergebracht waren. Da verkündete uns mein damaliger Chef, daß ich in Abwesenheit die Wahl als Frauenbeauftragte gewonnen hätte, und beglückwünschte mich. Wenn ich mit allem gerechnet hätte, aber damit nicht! Meinem Vater konnte ich es noch mitteilen, bevor er an einem Gallentumor verstarb.

Dann stieg ich voll in das Geschehen ein. Es war Pionierarbeit zu leisten, weil das Amt als solches neu war. Als erstes ließ ich mich für die laufende Legislaturperiode von meinen übrigen Aufgaben freistellen.

Dann folgten viele Seminarbesuche, so auch ein Grund- und Aufbauseminar Rhetorik an der politischen Bildungsstätte in Helmstedt, um Sicherheit im

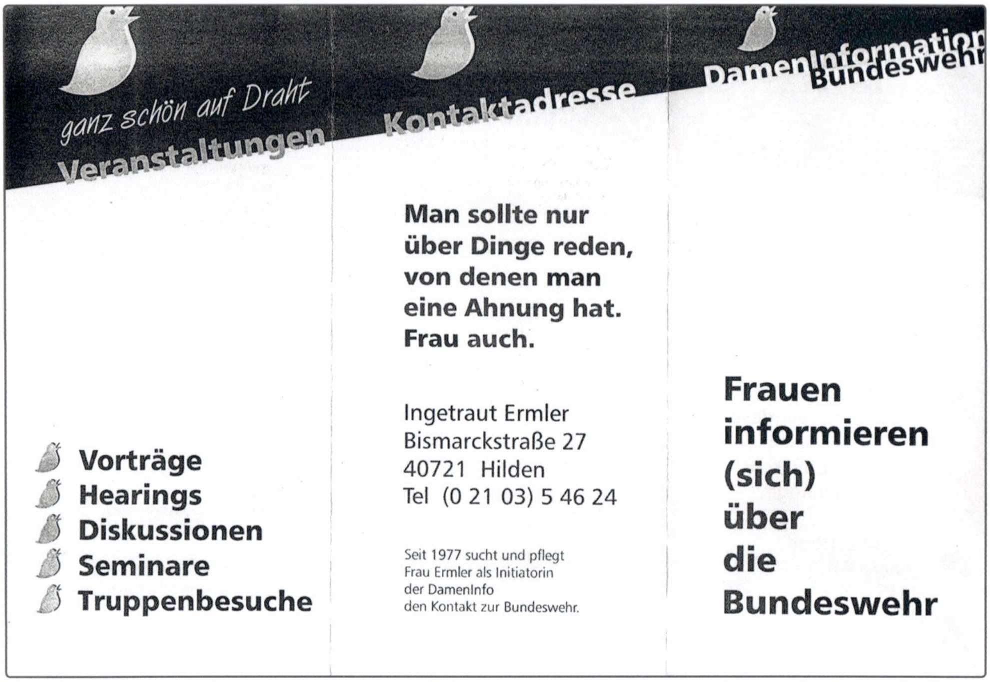

Auftreten, freien Argumentieren, sowie Redenhalten zu gewinnen. Dann baute ich mir nach und nach Netzwerke auf.

Auch meine liebe Frau Ermler kenne ich von der ersten Stunde an. Unser Pressesprecher empfahl sie mir damals. Es war eine echte Herausforderung für mich, mich für unser weibliches Personal einzusetzen. Neben dem Personalrat war die Frauenbeauftragte bei jeder Entscheidung mit einzubeziehen. Nur dem Präsidenten war ich direkt unterstellt, ansonsten weisungsfrei.

Einmal im Jahr hatte ich eine Frauenversammlung der gesamten Dienststelle durchzuführen, wo ich den Frauenförderplan vorstellen konnte. Als Frauenbeauftragte einer Wehrbereichsverwaltung lag es auch in meiner Pflicht, die Frauenbeauftragten im nachgeordneten Bereich ständig mit einzubinden, sowie mit neuesten Informationen zu versorgen. Einmal im Jahr – meist in den Sommerferien, wenn die Studenten Semesterferien hatten – fand unter Leitung des Bundesministeriums der Verteidigung in Mannheim auch eine Gesamttagung aller Frauenbeauftragten statt.

Knapp zweihundert Frauenbeauftragte trafen dann aufeinander. Wir trafen uns auch zu Tagungen, z.B. in Oberammergau, dort habe ich abends nebenbei auch noch den Oppenheimer Krötenbrunnen kennengelernt, ein leckeres Weinchen.

In Berlin hatte ich mich auch dem dort gegründeten Arbeitskreis angeschlossen. Einmal im Monat trafen sich alle Berliner Behörden im Umweltbundesamt zu einem Erfahrungsaustausch. Da jede Frauenbeauftragte Einzelkämpferin in ihrer Dienststelle war, waren diese Kontakte, um an neue Informationen zu kommen, um so wichtiger! Die Arbeit machte riesigen Spaß. Es war ein total selbständiges Arbeiten, wie es kaum auf einem anderen Gebiet möglich gewesen wäre. Im nachhinein war es auch die wertvollste und schönste Zeit meiner gesamten beruflichen Laufbahn. Nach erfolgreichen vier Jahren folgte eine Wiederwahl. Die ich auch sehr gern wieder annahm. Meine beiden Mädels waren inzwischen in den westlichen Bundesländern seßhaft geworden, und ich hatte die Zielstellung, beiden hinterherzufolgen, um auch endlich 100% zu verdienen. Nach vielen Jahren der Einheit gab es leider immer noch Abschläge für die im Osten verbliebenen Arbeitskräfte. Hinzu kam eine kleine Liebelei mit einem meiner unmittelbaren Chefs, mit dem ich übrigens sehr gut zusammenarbeiten konnte. Diese Geschichte hat uns beiden sehr geschadet! Er wurde sofort versetzt und ich verlor als Frauenbeauftragte mein Gesicht!

Also stieg ich aus der noch laufenden Wahlperiode über Nacht aus. Eine zuverlässige Nachfolgerin hatte ich im Vorfeld bereits gefunden. Sie war auch sofort bereit, in die laufenden Aufgaben einzusteigen.

Kapitel 10:

Mein fünfzigster Geburtstag

Meine beiden Mädels waren angereist und halfen mir in der Dienststelle, ein wunderschönes Büfett zu gestalten. Alle Gratulanten wurden mit einem Getränk begrüßt und konnten sich ein leckeres Häppchen aussuchen.

Ich kaufte ein gebrauchtes Auto von meinem Bekannten ab, damit ich wieder ein bißchen mobiler war, weil ich meinen heißgeliebten Trabbi meiner Susanne zum achtzehnten Geburtstag geschenkt hatte. Da ich zwei Mädels habe, hat meine Christina dann zu ihrem achtzehnten Geburtstag eine Wohnung bekommen, wo ich die Mietzahlungen übernommen habe. Für mich als alleinstehende Mutter waren das schon riesengroße Geschenke.

Kapitel 11:

Innerdeutsche Grenze

Durch meinen Lebensgefährten, der bei der GEEB beschäftigt war, bekam ich die Gelegenheit, die gesamte ehemalige innerdeutsche Grenze von Lübeck/Zarrentin bis runter nach Hirschberg/Hof kennenzulernen. Das war für mich auch hochinteressant. Ich hatte dann immer die Ferienheime, die ich bei einem Urlaub einmal kennengelernt habe, vorgezeigt, wo manches Mal der Zucker zum Kaffee einfach fehlte und mußte mir dann nur wenige Schritte entfernt die tollsten Pensionen anschauen, wo zum Kaffee noch ein leckeres Gebäck dabei lag.

Ich war während dieser Zeit sehr oft unterwegs und habe viele Unterschiede gesehen und kennengelernt.

An der Nordsee habe ich Ebbe und Flut zum ersten Mal gesehen und gemerkt, wie es sich anfühlt.

… und wie es aussieht, wenn die Schiffe bei Ebbe auf dem Trockenen liegen.

Am Hindenburgdamm in Kiel habe ich mit fünfzig Jahren noch Skaten gelernt und es machte mir riesigen Spaß.

„Ship open“ in Kiel erlebt und alle Schiffe, die da waren, besichtigt.

Einfach traumhaft dieser Anblick der Takelage und die super Ordnung aller Seile.

Schierke ohne Passierschein und neuen Reisepaß besucht.

Sogar auf den Brocken gewandert und noch die letzten Sowjets erlebt.

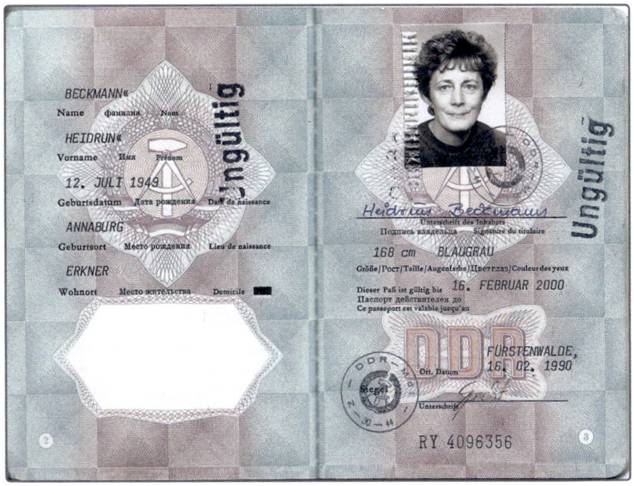

Damals als Strumpffetischistin, wie ich genannt wurde, weil ich mir immer die verrücktesten Strumpfhosen gekauft habe, Bad Hersfeld kennengelernt

Kapitel 12:

Café Kranzler

Nirgendwo war es gemütlicher, als im ersten Stock des Cafés Kranzler. Eine traumhafte Atmosphäre empfing mich, die knallroten Samtbezüge des Mobiliars, das romantische Kerzenlicht auf den Tischen und dann noch ein Stück Sachertorte. Klasse!

Um die Ecke hatte ich einen Dermatologen gefunden, der sich mit meinem Muttermal beschäftigte. Nach acht Sitzungen mit einem Farbstofflaser hatte ich so gut wie nix mehr im Gesicht.

Da ich in der Öffentlichkeit arbeitete, und das auch belegen konnte, hatte ich auch mit meiner Krankenkasse Glück und brauchte nicht alles selbst zu berappen. Ich war nun mit fünfzig ein völlig neuer Mensch! Keine Pein mehr, keine komischen Blicke, was hat die denn da gemacht? War das schön!

Ja, ich kaufte mir sofort einen schneeweißen Rollkragenpullover und genoß es, keine braunen Ränder mehr an meinen Kragen von der braunen Makeup-Schauspielercreme, die auch nicht billig war, davonzutragen. Berlin, wie lieb ick dir!

Auch hier im Café am Europa-Center war ich mindestens einmal in der Woche. Einen Koffer habe ich immer noch in Berlin!

Kapitel 13:

Hochzeit, die dritte

Dennoch bin ich in den goldenen Westen abgewandert, habe endlich meine 100% verdient, die unterschiedlichsten Menschen, sehr gute und sehr schäbige, sind mir begegnet. Zum Karneval – auch meinen persönlichen Karnevalsprinzen.

Diesmal haben wir vorher unsere Hochzeitsreise gemacht und danach erst geheiratet. Vielleicht ist das das Rezept, wer weiß!

Meine Geschichten enden wie im Märchen: „Wenn sie nicht gestorben sind, leben sie glücklich und zufrieden noch heute mitten unter euch."

Quellennachweis – Bilder – Wendemutter

Seite Oberweißbacher Bergbahn – Ansichtskarte Nr. 3983 Aufnahme und Verlag R. Bechstein Ilmenau/Thüringen Reg.Nr. 9.

Seite Brandenburger Tor 1961 – Ansichtskarte Ullstein Bilderdienst.

Seite Strandhotel Plau am See – Ansichtskarte Gebr. Garloff KG, Magdeburg.

Seite VEB Wittol Foto Werkstätten Walter Kirsch, Wittenberg.

Seite Rathaus Wittenberg – Internet.

Seite Goyatz am Schwielochsee – Ansichtskarte, Bild und Heimat Reichenbach (Vogtland).

Seite Bootshaus Kaupen – Ansichtskarte, De Beeke Foto: G. Tosonowski, 2822 Schwanewede 1.

Seite Walheimat Berlin – Ansichtskarte, 1990 Claudia Katz-Palme, Behaimstr. 11 Berlin.

Seite Berliner Hinterhöfe – Ansichtskarte, Michel Verlag GmbH 66564 Ottweiler.

Seite Friedrich-Ludwig-Jahn-Sportpark – Internet.

Seite Loddin-Kölpinsee – Ansichtskarte, Bild und Heimat Reichenbach (Vogtland).

Seite Rüdersdorf bei Berlin – Ansichtskarte

Seite Aussichtsturm Jested – Ansichtskarte, SG C. Kostelec.

Seite Berliner Schnauze – Ansichtskarte, Kunst und Bild, 1 Berlin 61.

Seite Ansichtskarte Jested – Foto M. Nixbauer Decin.

Seite 9. November Berlin – Ansichtskarte, Ullstein Bilderdienst.

Seite Westberliner Kontrollpunkte – Ansichtskarte, Kunst und Bild, 1 Berlin 61.

Seite Wiedervereinigung 03.10.1990 – Ansichtskarte, Kunst und Bild, 1 Berlin 61.

Seite 100 Jahre Wasserturm Mannheim, Werbeverlag R. Gorzinski, D-68 Mannheim 31.

Seite Heidelberg – Ansichtskarte, Werbeverlag R. Gorzinski, D-68 Mannheim 31.
Heidelberg – Ansichtskarte, Kunstverlag Edmund von König, Heidelberg.

Alle anderen Bilder sind aus meinem Privatbesitz und selbst fotografiert.